SHAKSPEARE

ET

SON ŒUVRE

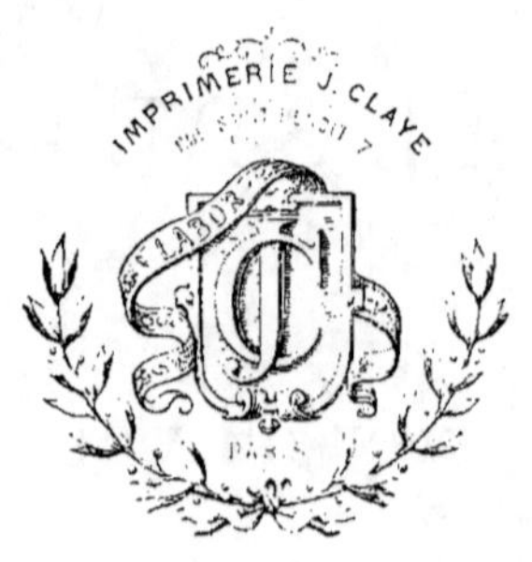

IMPRIMERIE J. CLAYE
PARIS

A. DE LAMARTINE

Membre de l'Académie française

SHAKSPEARE

ET

SON ŒUVRE

PARIS

LIBRAIRIE INTERNATIONALE

A. LACROIX, VERBOECKHOVEN ET Cie, ÉDITEURS

Boulevard Montmartre, 15, au coin de la rue Vivienne

MÊME MAISON A BRUXELLES, A LEIPZIG ET A LIVOURNE

1865

INTRODUCTION

INTRODUCTION

Les hommes sont si mobiles et si susceptibles de dégoûts et d'engouement, que la froide postérité elle-même n'en préserve pas le génie, et que la *mode*, ce caprice inconstant du goût, règne parmi ces morts immortels qu'on appelle les grands hommes, les élevant tour à tour au-dessus les uns des autres, tantôt au-dessus, tantôt au-dessous de tous, jusqu'à ce que, par un caprice nouveau, elle les laisse retomber, pour les en retirer encore, dans ce lit d'oubli où ils retournent dormir leur sommeil des siècles.

Nous avons vu nous-même, dans le petit nombre d'années qu'il nous a été donné de vivre, ce phénomène de l'instabilité et de l'engouement des réputa-

tions immortelles se renouveler plusieurs fois sans
cause apparente, surtout à l'époque de 1820 et de
1830, où une secte littéraire appelée le *romantisme*
luttait contre une routine littéraire appelée le *classi-
cisme*. C'est ainsi qu'un grand poète italien, *Dante*,
a été récemment placé, pour une conception barbare, écrite dans une langue presque surhumaine,
au-dessus de Virgile et d'Homère, ces dieux mortels
du beau dans la conception et dans l'expression
épique. C'est ainsi qu'Eschyle, Sophocle, Euripide,
Corneille, Racine, Gœthe, Schiller, ces admirables
ordonnateurs du drame poétique sur toutes les scènes
antiques et modernes, ont été tout à coup descendus
de leurs piédestaux pour faire place à la statue unique
d'un homme très-grand sans doute, mais grand
comme le cahos, moins grand cependant que la
grandeur ordonnée et combinée du monde.

Glissons sur ces vicissitudes de la littérature, excu-
sées cette fois par l'immensité du génie abrupt de
ce poète national des Anglais; ne le comparons qu'à
lui-même; appelons-le le grand *Pan* de leur littérature populaire, s'ils le veulent, mais plaignons-le
néanmoins d'avoir écrit dans un temps où le goût,
cette civilisation de l'esprit, n'existait pas, et où la
barbarie et le génie se faisaient à la fois ombre et
splendeur dans des pièces jugées par la populace.
William Shakspeare, nous aimons à le reconnaître,
aurait été plus qu'un homme, s'il eût écrit un demi-
siècle plus tard pour l'élite d'un peuple plus policé.

Quoi qu'il en soit, quand ses chefs-d'œuvre, longtemps négligés, furent tout à coup tirés de l'oubli
pour ses compatriotes par le talent d'un merveilleux
acteur *Garrick*; et quand le bruit de cette renaissance et les premières traductions de Shakspeare
parvinrent aux oreilles de Voltaire, à la fin du dernier siècle, cet oracle universel du goût européen se
souleva, et, dans une lettre à l'Académie française[1],
lue par d'Alembert, Voltaire protesta en faveur
d'Eschyle, de Sophocle, d'Euripide, de Corneille,
de Racine, et, sans se nommer, de lui-même, contre
cet engouement exclusif des Anglais. Il voulut que
l'Europe apprît à connaître ce qu'on prétendait lui
faire adorer ; il traduisit littéralement quelques
passages de ces drames grossiers et obscènes du
poëte anglais. L'Académie française, cette fille de
l'antiquité, recula d'effroi. Un pareil langage, ces
taches honteuses lui cachèrent le génie étincelant de
Shakspeare.

Les fanatiques à tout prix de ce grand homme
nièrent à tort la fidélité de la traduction et la possi-
bilité d'un tel scandale ; ils se trompaient : la traduction était sincère, le scandale était réel, et si une
plume chaste osait aujourd'hui traduire les ignobles
obscénités dont la nourrice de Juliette salit l'oreille
virginale de l'amante de Roméo, on trouverait que
Voltaire est bien loin d'avoir tout dénoncé à la

____

1. 25 août 1776.

France. La pudeur a fait, en tout pays et en tout siècle, partie du beau dans le drame et dans la langue. Il fallait que la populace policée d'Athènes ou de Paris fût mille fois plus respectée par ses grands poëtes scéniques, qu'elle ne l'était à Londres. C'est que l'auditoire d'Athènes et de Paris était un peuple, et que l'auditoire de Londres était une populace.

Certes, si l'on se place au point de vue des défauts de goût, des inconvenances, des grossièretés, des obscénités, des scrupules même de style dont les pièces de l'Eschyle et du Molière anglais sont déshonorées, Voltaire n'est pas trop sévère ; s'il faut tout dire même, et je n'en voudrais pour preuve que le plus pathétique de ses drames, *Roméo*, l'indignation de l'homme de goût dans Voltaire n'atteint pas l'ordure du scandale. Si l'on me disait : Donnez vos preuves et citez, je répondrais : Lisez vous-même, lisez seul loin de vos femmes et de vos filles, car une plume qui se respecte ne pourrait copier de telles horreurs sans faire rougir même un corps de garde.

Mais si l'on se place au point de vue de la conception, de l'éloquence, de la fécondité, de la vérité, de la sublimité du génie de cet homme incomparable, Voltaire a tort ; il se laisse effacer le soleil de l'art par une tache dans son télescope. Ce qu'il fallait dire pour être vrai, à la place de Voltaire, c'est que dans cet homme éminent (Shakspeare), tout était immense. le mauvais goût comme le génie ! Voilà la vérité.

Maintenant, ce mauvais goût appartenait-il à Shakspeare ? Appartenait-il à son auditoire ? Nous penchons à croire qu'il tenait plus à l'auditoire qu'au poëte. Le parterre est le souverain absolu de l'auteur dramatique. Et de même qu'on flatte le tigre en lui jetant de la chair corrompue, on flatte la populace en jetant du mauvais goût et de l'impudeur à son rire immoral et stupide. Les mauvaises pièces sont la contre-épreuve des mauvais temps.

Ce n'est pas cependant que le siècle littéraire d'Élisabeth, le XVIe siècle dans lequel écrivit Shakspeare, fût un siècle barbare : c'était plutôt un siècle trop quintessencié, un âge d'afféterie et de corruption de style : car il faut remarquer qu'en Italie, en France, comme en Angleterre, la littérature des peuples ne commence pas par la barbarie, mais par l'afféterie. Les peuples, dans ces époques de naissance ou de renaissance, prennent les *manières* pour la nature : avant d'être simples, ils sont alambiqués. C'est cette prétention de style jointe à la barbarie, qui forme le principal caractère des écrivains de ces âges. Le simple dans le grand, qui est le véritable caractère du beau ou du sublime, n'arrive qu'après. Cette afféterie de langage, jointe à la sordidité des expressions et des images, est aussi le caractère des drames de Shakspeare. Il n'a fallu rien moins que la supériorité incommensurable de son génie et de son éloquence,

pour faire triompher à bon droit et à jamais ses qualités de ses défauts.

Avant d'étudier l'œuvre, on veut connaître l'homme.
L'homme, dans Shakspeare, a beaucoup de rapport
avec *Molière*, le plus grand homme de la scène française et peut-être de toutes les scènes de l'Europe.
Ce fut moins un homme d'art qu'un homme de métier. La scène le créa; il fut l'enfant du parterre;
le public le fit à sa guise et à son image. Seulement,
Molière, infiniment plus parfait dans son style, ne
fut que comique. Shakspeare fut comique et tragique
tout à la fois, pathétique comme Euripide, philosophe comme Sophocle, sublime comme Corneille,
tendre comme Racine.

Tous les instruments à l'aide desquels on émeut
les hommes allaient à sa main; le Scapin de Molière
ou le Falstaff de Shakspeare sont de la même famille.
Le rêve ou les larmes éclatent ou coulent de la même
veine, au gré de ce maître du cœur humain. C'est
là ce qui en fait un homme unique, un *comédien incomparable*, l'universalité.

Il naquit en 1564 dans la petite ville de Stratford-
sur-Avon, non loin de Londres, d'une famille obscure
de la bourgeoisie. Son père était marchand de laines;
on tondait les troupeaux dans la maison. Quelques
biographes prétendent qu'on y vendait la viande des
brebis immolées par le père du poëte, exerçant aussi

la cruelle profession de boucher. Ils ajoutent, comme
tradition populaire du pays, que l'enfant, vêtu de la
tunique sanglante et prenant des attitudes tragiques
dans l'abattoir paternel, adressait des harangues
solennelles à ses victimes avant de les immoler, et
que de là lui vint le goût de la tragédie. Mais cela
n'a ni authenticité, ni fondement. William montra
toute sa vie les mœurs les plus douces et la pitié la
plus tendre pour les animaux comme pour les
hommes. Il n'y a pas le moindre indice de férocité
dans son caractère, et cette pitié forme la plus élo-
quente et la touchante source de son génie. D'ailleurs,
la maison paternelle de Shakspeare, qui existait
encore il y a peu d'années à Stratford-sur-Avon,
ne conservait aucune trace de construction propre
au commerce de la boucherie. C'était une simple
habitation bourgeoise appropriée à une famille modique, et dont l'angle de la petite cour conservait
encore un arbre fruitier domestique (l'antique mûrier
de Shakspeare), monument encore vivant de l'enfance du poëte, qui n'a cessé de vivre que dans ces
derniers temps, et dont le tronc et les rameaux,
déchiquetés comme l'arbre de la vraie croix poétique,
n'ont pas suffi à la superstition de l'Angleterre.
L'enfant reçut évidemment une bonne éducation
domestique et une forte instruction classique dans
les écoles de Stratford. Ses œuvres historiques
attestent des lectures antiques et sont pleines de
citations ; sa famille le maria à l'âge de 18 ans à une

jeune femme un peu plus âgée que lui ; il en eut trois enfants ; mais, soit vocation contrariée, soit légèreté de l'âge, ses devoirs d'époux et de père ne suffirent pas à le fixer au foyer conjugal. On raconte qu'il s'évada de sa patrie à l'occasion d'un délit de chasse commis avec quelques-uns de ses camarades de plaisir dans les forêts du comté, et que, pour éviter la prison, il s'enfuit à Londres, où il chercha à s'engager dans un emploi subalterne au théâtre alors le plus fréquenté de la capitale. Il y fut réduit, assure-t-on, à garder, au prix de quelques pièces de menue monnaie, les chevaux des spectateurs pendant la représentation. Il ne tarda pas longtemps cependant à figurer doublement sur la scène, comme acteur et surtout comme auteur. Son talent comme acteur ne paraît pas avoir été de premier ordre, même dans ses propres compositions. La pensée, qui conçoit au dedans le drame et les caractères, n'est pas la même chose que le geste et la physionomie qui les rendent extérieurement à l'œil des spectateurs. L'un est de l'âme, l'autre est du corps.

Mozart et Rossini, qui notèrent la plus divine musique, ne pourraient la chanter. Il en fut ainsi de Corneille et de Racine ; ainsi de Molière, acteur médiocre ; ainsi de Shakspeare.

Ses succès comme auteur de pièces tour à tour tragiques ou comiques sur les théâtres de Londres, la faveur de la reine Élisabeth, de la cour et du public, ne lui firent ni négliger, ni oublier sa famille

ou le toit de ses pères à Stratford-sur-Avon. Il s'y
rendait tous les ans pour y reporter le prix modique,
mais soigneusement accumulé, de ses succès à
Londres. Il s'y préparait même, pour l'âge du repos,
une honorable aisance pour sa femme, pour ses
enfants et pour lui-même; il s'y retira de bonne
heure en homme qui compte le bonheur domestique
pour bien plus que le vain applaudissement du
monde; il y passa ses dernières années, assez
riche pour ses désirs, entouré de cette gloire qui ne
devient du bonheur que quand elle se transforme en
considération et en affection de ses plus proches
concitoyens. Il y mourut à cinquante-sept ans, laissant pour héritage un foyer et une aisance à sa
famille, un univers à sa mémoire. Il avait composé
ordinairement deux grands drames chaque année.

Analyser ses œuvres, ce serait analyser le cœur
humain, il est son plus grand peintre. Vertu, crime,
passion, vices, ridicules, grandeurs, petitesses, tout
est à lui; le clavier entier de la nature de l'homme
est sous ses doigts. Nous allons, pour vous le faire
connaître, vous citer seulement les cinq ou six
grandes passions dont il a fait le type de ses drames
les plus célèbres: et d'abord, la première et la plus
noble de toutes, l'amour, *Roméo et Juliette*.

ROMÉO ET JULIETTE

ROMÉO ET JULIETTE

I.

Ce fut la pièce qui répandit le plus vite et le plus
loin le nom de son auteur. L'amour est une flamme
qui n'a pas besoin d'autre aliment que lui-même
pour brûler et pour attirer par son éclat en se con-
sumant les regards des hommes, soit sur l'événement
où il se signale, soit sur la scène où on le représente.
Quelquefois, comme dans *Hamlet* ou dans le *More
de Venise, Othello*, l'amour se mêle à l'ambition, à
la jalousie, au crime ; mais dans *Roméo et Juliette*,
il ne se mêle à rien qu'à sa propre pureté et à sa
propre ardeur. Il est à lui tout seul son propre intérêt, son propre drame et son poëte. Pour être souve-
rainement dramatique, on n'a besoin que d'aimer.

Tel est Shakspeare dans *Roméo et Juliette*, ce drame amoureux, l'idéal des amants.

Étudions-le depuis son origine jusqu'à son éternelle représentation sur tous les théâtres de l'univers.

Il faut savoir d'abord que vers 1600 il y eut une grande transfusion du sang littéraire entre l'Italie et l'Angleterre. Presque toutes les poésies et les romans, qu'on appelait alors des *nouvelles*, arrivaient d'Italie, la terre la plus lettrée du temps, et se répandaient parmi les lettrés de la Grande-Bretagne et même parmi le peuple de Henri VIII et d'Élisabeth, avec tout le charme et toute l'afféterie de la littérature méridionale renaissante. Rome, Naples, Venise, Vérone, Florence et Pise donnaient le ton alors à l'Europe entière. On le voit par *Spenser*, poëte anglais de premier ordre, qui naquit tout à la fois sublime et corrompu sous l'influence de cette littérature italienne; on le voit par Milton, qui voyagea bientôt après à Naples, et que la force mâle de son génie solitaire préserva de cette affectation de mauvais goût des Italiens; on le voit par Shakspeare lui-même, qui écrivit en commençant des poëmes mythologiques et des sonnets à l'imitation de l'Italie, et qui ne devint éloquent et viril que quand la force pathétique de ses sujets l'éleva comme malgré lui à la hauteur de son génie philosophique.

Ces romans ou ces nouvelles traduits et répandus
en Angleterre y devenaient bientôt populaires et y
formaient un fonds commun de légendes dont se
nourrissait la crédulité du peuple britannique, plus
chevaleresque alors qu'il ne l'a été depuis. La funèbre histoire des deux amants de Vérone, Roméo et
Juliette, parut alors; et cette étrange et double
preuve d'un amour confirmé par deux suicides devint
en peu de temps aussi célèbre qu'aucun fait tragique
de l'antiquité ou de l'histoire même d'Angleterre.
C'est l'époque de maturité où la poésie cueillit dans
l'imagination populaire la légende, l'histoire ou le
roman historique, pour les consacrer dans la mémoire
des nations, soit sous la forme de poëme, soit sous
la forme de drame. Le poëte arrive après le romancier, et la scène, devenue piédestal, porte à la dernière postérité dans la langue impérissable du vers
ou de la prose poétique l'événement agrandi et
solennisé qui sera l'entretien des siècles.

Tel fut l'état où Shakspeare trouva la merveilleuse
aventure de *Roméo et Juliette* dans l'imagination
du peuple anglais, lorsqu'il chercha à s'en emparer
pour la produire sur la scène. L'aventure italienne
était si belle, si étrange, si pathétique, qu'il n'aurait
osé l'inventer. Il n'y a pas de combinaison de l'imagination d'un homme de génie qui approche de ce
qu'invente la nature. Le poëte des poëtes, c'est la
passion. Shakspeare le sentit, il n'inventa rien; il
se contenta de faire parler ses amants et d'ajouter

l'éloquence aux situations naïves, touchantes ou désespérées dans lesquelles le simple récit du nouvelliste italien plaçait ses personnages.

Or, pour que le lecteur se rende bien compte ici du procédé de Shakspeare, nous allons mettre sous ses yeux d'abord dans la nouvelle italienne le récit naïf et complet où le poète anglais puisa presque littéralement les éléments de l'aventure tragique des deux amants de Vérone. Nous jetterons là ensuite la nouvelle italienne, le noyau de la pièce, et nous montrerons le poète immortel après le romancier populaire.

Voici donc l'aventure originale et primitive de *Roméo et Juliette*, écrite par *Luigi da Porta*, pour charmer ses loisirs pendant la guérison d'une blessure qu'il avait reçue, en combattant pour Venise contre les Autrichiens, et dédiée par lui à son illustre parente *Lucina Savorgnana*.

« A l'époque où Bartolomeo della Scala, seigneur plein de bonté et d'humanité, gouvernait à son gré la ville de Vérone, il y avait deux très-nobles familles d'hommes courageux et opulents, favorisés du ciel et de la terre. Entre ces deux familles, qu'elle qu'en fût la cause, et comme il arrive souvent entre quelques maisons illustres, il régnait une haine implacable, qui, dans diverses rencontres, avait de part et d'autre coûté la vie à de vaillants hommes; soit qu'ils eussent fini par être fatigués réciproquement de leurs pertes, comme il arrive souvent en pareil cas, ou qu'ils eussent été arrêtés par les menaces du seigneur della Scala, qui de son côté voyait les effets de leurs inimitiés avec un très-grand déplaisir, ils avaient cessé entre eux les voies de fait et les provocations, de sorte que, sans avoir fait verbalement aucune paix, ces deux familles paraissaient avoir oublié leur ancienne haine. Les choses en étaient même au point qu'il n'était pas rare de voir des membres de ces deux familles causer ensemble chaque fois que l'occasion s'en présentait.

« La paix ainsi établie, il arriva qu'à l'époque du carnaval il y eut de très-grandes réjouissances à Vérone, et que dans la maison de messire Antoine Cappelletti, homme très-honorable, ami du plaisir, et chef de la famille dont il portait le nom, on donna des fêtes, tant de jour que de nuit, auxquelles on se rendait en foule de toutes les parties de la ville.

« Il arriva qu'une nuit, comme de coutume parmi les amants qui, autant que possible, suivent leurs dames non-seulement de pensées, mais en personne, en quelque endroit qu'elles aillent, un jeune homme, de la famille des Montecchi, pour voir une belle qui l'intéressait, se rendit à la fête du seigneur Cappelletti ; ce jeune homme était à la fleur de l'âge, il était grand et bien fait, avait une figure agréable et les manières les plus distinguées. Lorsqu'il se démasqua, comme chacun le fit pendant le bal, tous les regards s'arrêtèrent sur lui, tant par admiration pour sa beauté, qui était achevée et qui l'emportait même sur celle des plus belles femmes qui assistaient à cette fête, que par la surprise de voir qu'un Montecchi osât se présenter dans la maison du chef des Cappelletti, et surtout à un bal de nuit. Mais il fut remarqué avec un intérêt plus particulier par la fille unique dudit messire Antoine Cappelletti. Elle était d'une beauté extraordinaire, d'un caractère franc et enjoué; sa tournure et ses manières étaient des plus gracieuses. Dès qu'elle aperçut ce jeune homme, elle fut frappée d'une telle manière par son extérieur, que la première fois que leurs yeux se rencontrèrent, elle sentit qu'elle ne s'appartenait plus.

« Le jeune homme se tenait à l'écart, assis dans un coin, ne prenant que rarement part à la danse ou à la conversation. Cela déplaisait beaucoup à la jeune personne, qui avait entendu dire qu'il avait beaucoup d'esprit et de charme dans la conversation.

« Minuit étant arrivé, et la fête devant se terminer, on commença la danse du *torchio* (flambeau) ou du *capello* (chapeau), car on lui donnait ces deux noms. Elle est encore en usage de notre temps, et s'exécute en se tenant tous par la main pour former un cercle; le cavalier choisit sa dame, puis la dame son cavalier, et ainsi de suite. Pour cette danse, une dame alla chercher le jeune Roméo Montecchi, et le plaça par hasard auprès de la jeune fille à laquelle il avait inspiré de l'amour. Celle-ci avait, du côté opposé à celui où elle lui donnait la main, un jeune

gentilhomme nommé Marcuccio le louche. qui avait
naturellement les mains aussi froides au mois de
juillet qu'au mois de janvier. Le jeune Montecchi
ayant donc été placé à côté de cette jeune personne,
lui prit la main ainsi que cette danse l'exigeait. Elle,
qui voulut sans doute l'entendre parler, dit aussitôt :
« Soyez le bienvenu, messire Roméo. »

« A ces mots le jeune homme, qui avait bien vu
dans les regards de préférence de la jeune personne
tout l'intérêt qu'elle prenait à lui, fut cependant fort
surpris de l'entendre parler ainsi. « Comment, » lui
répondit-il, « suis-je assez heureux pour entendre
« de votre bouche des paroles aussi flatteuses pour
« moi? — Oui, reprit-elle, soyez le bienvenu ; car
« au moins vous, messire, avec votre main vous ré-
« chauffez ma main gauche, tandis que Marcuccio,
« lui, m'a glacé la main droite. » Roméo, enhardi
par ce langage, continua : « Si je suis assez heureux
« de pouvoir avec ma main réchauffer la vôtre, vous,
« avec vos beaux yeux, vous enflammez mon cœur ! »
La jeune fille sourit : mais voulant éviter de paraître
causer longtemps avec lui, elle ajouta seulement :
« Je vous jure sur ma foi, Roméo, qu'il n'y a pas ici
« une belle dame qui soit aussi belle que vous êtes
« beau à mes yeux. — Quelque indigne que je sois
« de cet honneur, répondit Roméo, je me ferai tou-
« jours un bonheur d'être le serviteur fidèle de votre
« beauté, si vous ne dédaignez pas mes hommages. »

« Bientôt après, la fête étant terminée, Roméo retourna chez lui, réfléchissant à la cruauté de la dame à laquelle jusqu'alors il avait adressé ses vœux, et qui n'avait répondu à ses empressements que par des froideurs.

« Il résolut de se consacrer tout à Juliette, puisqu'elle lui témoignait tant d'affection, quoiqu'elle appartînt à la famille de ses ennemis. De son côté la jeune fille, depuis cette entrevue, n'était presque occupée que de Roméo, et après avoir beaucoup soupiré, elle crut que son bonheur était assuré pour la vie, si elle pouvait avoir Roméo pour époux; mais elle n'espérait guère y réussir, à cause de l'inimitié qui existait entre sa famille et celle des Montecchi.

« Continuellement agitée par cette incertitude, que de fois elle se dit : « Imprudente que je suis, par « quelles idées flatteuses me laissé-je séduire! Dans « quel labyrinthe me laissé-je égarer! Bientôt, peut- « être qu'abandonnée et sans guide je ne trouverai « plus d'issue pour en sortir : car Roméo Montecchi « est peut-être bien éloigné d'avoir pour moi des « sentiments sincères. Il est ennemi de ma famille, « il ne cherche peut-être qu'à exercer quelque ven- « geance aux dépens de mon honneur; et quand bien « même il voudrait réellement m'épouser, jamais « mon père ne consentirait à me donner à lui. »

« Ensuite, réfléchissant de nouveau, elle disait : « Qui sait si je ne pourrais réussir à avoir Roméo « pour époux, ainsi que je le désire, et si ce ne serait « pas peut-être un moyen efficace de rétablir la paix

« entre nos deux maisons, qui sont déjà bien lasses
« et bien fatiguées de la guerre qu'elles se font de-
« puis si longtemps. » S'étant arrêtée à cette pensée,
elle commença à témoigner à Roméo plus d'amitié
qu'elle n'avait fait jusqu'alors. Les deux amants,
brûlant l'un pour l'autre d'une flamme semblable,
commencèrent dès ce moment à exprimer leurs sentiments réciproques par de tendres regards, partout
où ils pouvaient se voir, et il n'y avait point de bonheur ni pour l'un ni pour l'autre lorsqu'ils n'avaient
pu y réussir.

« Quant à Roméo, il était tellement épris du mérite de la dame, qu'il passait une partie des nuits,
seul et au péril de sa vie, sous les fenêtres de sa bien-
aimée ; quelquefois même il grimpait jusqu'à celle de
sa chambre, et là, sans être vu d'elle ni de personne, il pouvait la voir et entendre les doux accents
de sa voix. Une nuit, que la lune était brillante, au
moment où Roméo se disposait à monter sur le balcon, soit que ce fût par hasard ou qu'elle l'eût entendu les jours précédents, Juliette ouvrit sa fenêtre
et l'aperçut. Lui, ne sachant qui c'était, cherchait à
se cacher à l'ombre d'une muraille qui se trouvait
près de là ; mais Juliette, l'ayant reconnu, l'appela
par son nom et lui dit : « Que faites-vous ici, à cette
« heure ? » Roméo, rassuré en entendant la voix de
Juliette, lui répondit : « Hélas ! tout ce qu'il plaît à
« l'amour de m'inspirer. — Et si vous étiez surpris,
« ne courriez-vous pas le risque d'être tué, et sans

« moyen de défense? — Certainement que je pourrais
« être aisément tué, et que je périrai ici quelque
« nuit, si vous n'avez pitié de moi. Il est vrai que
« partout je suis exposé à la mort tout comme ici, et
« que je préfère mourir le plus près possible de votre
« personne, avec laquelle cependant je voudrais vivre
« toujours, si le ciel et vous l'aviez pour agréable. »
Juliette répondit alors : « Il ne dépendra jamais de
« ma volonté que vous ne puissiez vivre avec honneur
« auprès de moi. Plût à Dieu que ni vous, ni l'inimi-
« tié qui règne entre votre maison et la mienne, n'y
« missiez plus d'obstacle que moi! — Vous pouvez
« bien être assurée, répondit Roméo, que je ne désire
« rien tant au monde que de vous posséder, et que,
« dès que vous aurez consenti à être à moi comme je
« désire être à vous, je ferai tout mon possible pour
« réussir à contracter cette union. Alors, quand vous
« serez ma femme, je ne crains pas que personne ait
« le courage de vous arracher de mes bras. » Après
cette explication, ils s'entendirent sur les moyens de
se voir avec plus de sécurité une autre nuit. Se disant
adieu, ils se séparèrent.

« Dans la suite Roméo retourna souvent visiter
Juliette, et un soir qu'il tombait une quantité prodigieuse de neige, il lui dit : « Hélas! n'aurez-vous
« aucune pitié de moi, qui, toutes les nuits, vous
« attends ici, quelque temps qu'il fasse? Celui-ci
« est affreux. Pourquoi me faire autant languir? —
« Oh! ce n'est certainement pas sans vous plaindre

« que je vous vois ainsi exposé, dit-elle ; mais que
« voudriez-vous que je fisse pour l'empêcher, sinon
« de vous prier de ne pas persister davantage ?

« — Ce que je désirerais, répondit le jeune homme,
« c'est que vous me laissiez pénétrer dans votre
« chambre, où nous pourrions nous entretenir plus
« commodément. » Alors la jeune personne, presque
irritée, lui répondit : « Je vous aime, Roméo, autant
« qu'il est possible d'aimer, et peut-être plus qu'il
« ne convient à une jeune fille bien élevée. En cela,
« je cède à la confiance que votre mérite m'a inspi-
« rée ; mais si vous vous êtes imaginé qu'à force
« d'importunités et de flatteries vous obtiendriez de
« moi ce que l'honneur peut réprouver, vous êtes
« dans une grande erreur ; je vous engage à éloi-
« gner cette pensée, car bientôt vous verriez que ce
« serait en vain que vous l'auriez espéré ; mais pour
« ne pas vous tenir plus longtemps exposé aux dan-
« gers où je trouve que votre vie serait exposée en
« venant ainsi chaque nuit dans cette rue, je vous
« dirai avec franchise que quand vous voudrez m'ac-
« cepter pour votre femme je suis prête à me donner
« à vous entièrement, et à me rendre avec vous dans
« tel lieu qu'il vous conviendra, sans aucune réserve.
« — C'est bien là l'objet de mes vœux les plus ar-
« dents, répondit Roméo ; je ne désire rien autre
« chose que de devenir votre époux. Ainsi, occupons-
« nous dès à présent de notre mariage. — De tout
« mon cœur, répondit Juliette, et je désire que tout

« se passe convenablement en la présence du père
« Lorenzo, du couvent de Saint-François, qui est mon
« confesseur, si vous voulez que ce soit avec une en-
« tière satisfaction que je me donne à vous. — Ah !
« lui répondit Roméo, c'est donc le père Lorenzo de
« Reggio qui connaît tous les secrets de votre cœur ?
« — Oui, dit-elle, et ce sera avec un grand conten-
« tement de ma part que notre mariage se célé-
« brera devant lui. » Ensuite les deux amants avi-
sèrent aux moyens de réaliser leurs projets, et se
séparèrent.

« Le père Lorenzo était de l'ordre mineur de
l'Observance, grand philosophe, très-expérimenté
en beaucoup de sciences, tant naturelles que magiques. Il était lié avec Roméo d'une si étroite amitié,
qu'il aurait été presque impossible dans ces temps-
là d'en trouver un autre exemple. En effet, ce religieux, voulant tout à la fois conserver l'estime
publique et jouir des plaisirs du monde, avait dû
nécessairement s'assurer de l'appui de quelques personnes qualifiées de Vérone, parmi lesquelles il avait
choisi Roméo, jeune homme ayant dans la ville une
grande influence, doué de résolution et de beaucoup
de prudence.

« Roméo alla donc trouver le père Lorenzo, lui
découvrit franchement son amour pour Juliette, et
combien il désirait qu'elle fût sa femme ; puis il
ajouta qu'il avait été arrêté entre eux que lui seul
serait témoin secret de leur mariage, et qu'ensuite

il devrait user de son crédit pour le faire approuver
par le père de Juliette.

« Le bon religieux fut très-flatté de cette confidence, et promit de faire tout son possible pour
servir les amants, d'abord parce qu'il ne pouvait
rien refuser à Roméo, et ensuite parce qu'il espérait
que peut-être cette union pourrait amener une réconciliation entre les deux familles, ce qui le met-
trait en grande faveur auprès du seigneur Bartolomeo della Scala et des principaux de la ville, lesquels
désiraient voir la paix rétablie entre la maison des
Cappelletti et celle des Montecchi. Comme l'on était
dans le saint temps du carème, Juliette feignit de
vouloir se confesser. Étant allée à cet effet au monastère de Saint-François, elle entra dans un de ces
parloirs qui, suivant l'usage de ces temps, servaient
de confessionnaux dans les couvents, et elle fit demander le père Lorenzo. Celui-ci, l'ayant entendue,
vint avec Roméo dans le même confessionnal, en
ferma la porte, puis, ayant enlevé une petite grille
de fer qui était entre eux et Juliette, il lui dit :
« C'est avec bien du plaisir que je vous vois ordi-
« nairement ici, ma chère fille, mais aujourd'hui
« c'est avec une bien plus grande joie, s'il est vrai
« que vous vouliez bien prendre mon bon ami mes-
« sire Roméo pour votre mari. » A quoi Juliette répondit : « Je ne désire rien plus ardemment au
« monde que d'être sa femme légitimement, et c'est
« pour cela que je suis venue devant vous, mon

« père, qui possédez toute ma confiance, afin que,
« par votre ministère en présence de Dieu, vous bé-
« nissiez une union que l'amour nous commande. »

« Alors, par le ministère du révérend père, qui
déclara recevoir le tout sous le sceau du secret, Juliette et Roméo furent unis par les saints nœuds du
mariage; ensuite ils se promirent mutuellement de
se revoir la nuit suivante et se séparèrent. Le religieux, resté seul, replaça la grille, et entendit la
confession de plusieurs dames qui attendaient.

« Les deux amants étant devenus, ainsi que vous
le savez, secrètement époux, se réunirent pendant
plusieurs nuits pour concerter entre eux par quel
moyen ils pourraient obtenir le consentement du
père de Juliette, qu'ils savaient être contraire à leur
amour.

« Tandis que les choses se passaient ainsi, il arriva
que la mauvaise fortune, ennemie de tout bonheur
humain, exerçant je ne sais quelle mauvaise influence, réveilla entre les deux familles cette haine
qui semblait presque éteinte. Or un jour que des
Cappelletti et des Montecchi se rencontrèrent à la
promenade du cours, et que chacun d'eux refusa de
céder le pas au parti qui lui était opposé, il s'en-
suivit une attaque réciproque. Roméo, par égard
pour sa femme, s'était abstenu de prendre part à
l'action; mais voyant que presque tous les siens
étaient blessés et mis en fuite, emporté par la colère,
il courut à Tébaldo, chef des Cappelletti, qui parais-

sait être un des plus acharnés, et d'un seul coup il
l'étendit mort sur la place. Les autres, découragés
par la perte de leur chef, furent en déroute complète.

« La mort de Tébaldo avait été trop publique pour
qu'il s'élevât le moindre doute sur l'homicide. L'affaire fut donc portée devant le seigneur della Scala,
et chaque Cappelletti demandait à grands cris contre
Roméo un arrêt de bannissement à perpétuité.

« Oh! quelle peine cruelle ne dut-elle pas res-
sentir dans son cœur, cette infortunée jeune femme,
en se voyant en butte à de pareils malheurs! Chaque
lecteur qui porte un cœur sensible peut aisément
s'en faire une idée. Elle se désolait continuellement,
ses larmes ne cessaient de couler en abondance,
personne n'était capable de la calmer, et sa douleur
était d'autant plus insupportable qu'elle n'osait en
découvrir la cause à qui que ce fût.

« De son côté, le jeune époux, forcé de fuir sa
patrie, ne pouvait se consoler d'abandonner sa Juliette. Il ne voulait cependant pas la quitter sans lui
témoigner sa douleur et lui faire ses adieux, quels
que fussent les risques qu'il dût courir. Cependant,
ne pouvant aller dans la maison de sa femme, il eut
recours au bon religieux, auquel Juliette fit savoir par
un domestique de son père, très-dévoué à Roméo,
qu'elle allait se rendre au couvent de Saint-François;
elle s'y rendit. Les deux époux, étant entrés dans le
parloir qui servait de confessionnal, pleurèrent amè-

rement sur leur malheur, mais à la fin Juliette dit
à son mari : « Hélas! que vais-je devenir sans vous?
« Maintenant je ne peux plus vivre sans vous voir;
« il serait mieux pour moi de m'en aller avec vous,
« il n'importe l'endroit que vous alliez habiter. Je
« couperai cette longue chevelure, et alors je vous
« suivrai comme un serviteur; vous ne pourrez ja-
« mais être ni mieux ni plus fidèlement servi. — Que
« Dieu me préserve, ma chère, répondit alors Roméo,
« quand vous désirez venir avec moi, que je vous
« conduise d'une autre manière que celle qui con-
« vient à ma dame. Mais soyez tranquille, je suis
« assuré que les choses ne peuvent pas rester dans
« l'état où elles sont, que la paix entre les nôtres se
« fera bientôt, et qu'en conséquence je pourrai me
« flatter d'obtenir promptement ma grâce du souve-
« rain.

« Je serais d'avis que nous restassions éloignés
« l'un de l'autre seulement quelques jours, pen-
« dant lesquels mon cœur sera d'autant plus uni au
« vôtre, que nos personnes seront momentanément
« séparées.

« Mais s'il arrivait que les choses ne se réalisas-
« sent pas ainsi que je m'en flatte, alors nous pren-
« drions un autre parti, et aviserions au moyen de nous
« réunir et de vivre ensemble. » Ayant pris cette résolution, et après s'être embrassés mille et mille fois,
ils se séparèrent au milieu des pleurs et des sanglots.
La jeune dame suppliait son mari de fixer son séjour

dans la ville la plus voisine de Vérone, et de ne pas
s'éloigner jusqu'à Rome, ni même jusqu'à Florence,
ainsi qu'il en avait témoigné le désir.

« Peu de jours après, Roméo, qui s'était bien caché
jusqu'à ce moment dans le monastère de Saint-François en la compagnie du père Lorenzo, se décida à
partir et se rendit à Mantoue, où il arriva dans un
état de santé qui faisait craindre pour sa vie, après
avoir expressément recommandé au serviteur de sa
femme de communiquer tout de suite au père Lorenzo
tout ce qui pourrait être dit ou fait dans la maison
du père de Juliette, relativement à elle ou à son
époux, et d'exécuter exactement les ordres de sa
maîtresse, s'il désirait recevoir le reste de la récompense qu'il lui avait promise.

« Il y avait déjà plusieurs jours que Roméo était
parti, et sa jeune épouse, se laissant aller à une tristesse toujours croissante, détruisait ainsi tout l'éclat
de sa jeunesse et de sa beauté. Sa mère, qui l'aimait
avec tendresse, voyant ce changement, l'interrogea
souvent pour en découvrir la cause ; elle lui disait,
en lui prodiguant mille caresses :

« Ah ! ma fille chérie que j'aime autant que ma
« propre vie, d'où vient la douleur qui te tourmente
« depuis quelque temps ? Tu ne peux rester seule un
« moment sans pleurer. Désires-tu quelque chose ?
« Dis-le moi ; aie une entière confiance en ta mère,
« et sois sûre que pour te rendre ta gaieté je ne
« te refuserai rien de tout ce qui peut être raisonna-

« blement accordé. » Néanmoins elle n'obtint de sa
fille que des raisons bien faibles et bien futiles pour
motiver les pleurs qu'elle répandait continuellement.
Elle pensa que peut-être sa fille désirait être mariée,
et que, soit par honte ou dans la crainte d'être refusée, elle n'osait l'avouer. Elle crut donc, loin de
s'imaginer que par là elle hâterait la mort de sa fille,
que ce serait un moyen de rétablir sa santé. Elle alla
donc trouver son mari, et lui dit : « Messire Antonio,
« je vois depuis plusieurs jours notre fille pleurer
« bien amèrement, et le chagrin a tellement changé
« ses traits, qu'elle n'est plus reconnaissable, ainsi
« que vous avez pu vous en apercevoir vous-même;
« et quoique je l'aie souvent sollicitée de m'en dé-
« couvrir la cause, je n'ai jamais rien pu obtenir, et
« moi-même je ne puis présumer d'où cela peut
« venir, à moins que cela ne soit du désir d'être
« mariée, désir qu'elle n'ose exprimer. Mon avis
« serait donc qu'on la mariât, avant que sa santé ne
« fût tout à fait perdue, d'autant plus qu'elle a eu
« dix-huit ans à la Sainte-Euphémie, et que la beauté
« des femmes ne croît guère passé cet âge : au con-
« traire, il n'est pas sage de garder les jeunes filles
« trop longtemps dans la maison paternelle, non
« pas cependant que je craigne rien pour la nôtre.
« Occupons-nous donc de lui chercher un mari qui
« lui convienne. » Messire Antonio répondit qu'il
pensait à propos de marier sa fille, et la loua beaucoup de ce qu'ayant ce désir elle avait su le renfer-

mer en elle-même, et n'en faire part à personne.
Peu de jours après, il commença à traiter de mariage avec un des comtes de Lodrone. L'affaire étant
presque sur le point de se conclure, la mère, croyant
faire un très-grand plaisir à sa fille, lui dit : « Réjouis-
« toi aujourd'hui, ma fille; avant peu tu seras digne-
« ment mariée à un grand seigneur, et nous verrons
« alors cesser ton chagrin, dont, par la grâce de
« Dieu, j'ai réussi à deviner la cause, quoique tu
« te sois toujours refusée à me l'avouer; et pour
« cela nous avons pris, ton père et moi, des mesures
« telles, que tu devras être satisfaite. »

« A ces paroles, Juliette ne put retenir ses larmes;
sur quoi la mère lui dit : « Crois-tu que ce soit une
« plaisanterie que je te fasse? Eh bien! huit jours
« ne se passeront pas sans que tu sois la femme d'un
« beau seigneur, jeune, et de la maison des comtes
« de Lodrone. » Alors les sanglots de la jeune personne redoublèrent; la mère, en la caressant tou
jours, lui dit : « A ce que je vois ma fille, tu ne
« seras pas encore contente? » A quoi Juliette répondit : « Non, ma mère, non assurément, je n'en
« serai pas contente. — Que désirerais-tu donc? »
reprit la mère, « dis-le moi avec confiance, à moi qui
« suis si disposée à faire tout ce qui peut t'être
« agréable. — Je ne désirerais rien autre chose que
« de mourir, » répliqua Juliette au désespoir. D'après
cette réponse, madame Giovana (tel était le nom de
la mère), qui était une femme douée de beaucoup de

perspicacité, comprit que sa fille avait une passion ; et après lui avoir dit encore quelques mots, elle la quitta.

Le soir, messire Antonio étant rentré, sa femme lui fit part de la réponse de sa fille, ce qui lui déplut considérablement. Ce bon père pensa alors qu'il serait prudent, avant de pousser plus loin les apprêts de ce mariage, et pour ne point compromettre sa parole, de faire venir sa fille en sa présence, et de la faire expliquer. Il la fit donc appeler et lui dit : « Ju- « liette, je suis prêt à te marier noblement, en seras- « tu contente ? » La jeune fille, après avoir fait attendre quelques instants sa réponse, dit enfin : « Non, « mon père, je n'en serai pas contente.— Comment! » s'écria le père, « tu veux donc te faire religieuse? « — Seigneur, je ne le sais ; » et les pleurs vinrent étouffer sa voix. « Je vois bien, dit alors son père, « que ce n'est pas là ta vocation ; mais tranquillise- « toi, mon enfant, car mon intention est de te marier « avec un des comtes de Lodrone. — Cela ne sera « jamais, » reprit Juliette fondant en larmes. — Alors, messire Antonio, hors de lui, la menaça des traitements les plus rigoureux, si elle était assez hardie pour contrarier sa volonté, et de plus si elle ne lui faisait pas connaître le sujet de ses chagrins ; mais ne pouvant obtenir d'elle autre chose que des larmes, il sortit très-mécontent, et la laissa avec sa mère qui ne put réussir à connaître les vrais sentiments de sa fille. Juliette avait déjà raconté tout ce

que sa mère lui avait dit au domestique qui était dans
sa confidence (ce domestique se nommait Pierre); elle
avait même juré devant lui qu'elle s'empoisonnerait
plutôt que de prendre jamais aucun autre que Roméo
pour son mari. Pierre, de son côté, selon l'ordre
qu'il en avait reçu, avait, au moyen du religieux,
informé Roméo de cette particularité. Celui-ci avait
écrit à Juliette, afin que pour rien au monde elle ne
consentît au mariage qu'on lui proposait, et encore
moins qu'elle donnât connaissance de leur amour,
l'assurant que, dans huit ou dix jours, il aurait pris
des mesures pour la retirer de la maison de son
père. Mais messire Antonio et madame Giovana réunis, ne pouvant réussir, ni par caresses ni par menaces, à savoir de leur fille quelle était la cause du
refus qu'elle faisait de se marier, ni en faveur de qui
son cœur était prévenu, après que madame Giovana
lui eut dit plusieurs fois : « Allons, ma fille, ma chère
« enfant, cesse de te chagriner, on te donnera un
« mari de ton choix, quand même ce serait un des
« Montecchi que tu aurais choisi, ce que, j'en suis
« bien sûre, tu ne voudrais jamais; » et Juliette
ne répondant que par des soupirs et des pleurs,
cette conduite augmenta de plus en plus les soupçons des parents, qui se décidèrent à conclure
le plus tôt possible le mariage qu'ils étaient en
train de négocier avec le comte de Lodrone. Juliette,
apprenant ce qui se passait, en conçut une douleur excessive, et ne sachant comment éviter un tel

malheur, elle appelait mille fois la mort à son aide.

« Elle résolut pourtant de faire part de ses chagrins au père Lorenzo, la personne dans laquelle, après Roméo, elle espérait trouver le plus de consolation ; ensuite, parce qu'elle avait entendu dire à son époux que ce religieux était un homme de grande ressource et capable de faire des choses extraordinaires et merveilleuses. A cet effet, elle dit un jour à madame Giovana : « Ma mère, ne soyez pas étonnée « si je ne vous dis pas ce qui cause mes pleurs ; je « vous avoue de bonne foi que je ne le sais pas moi- « même. Seulement je sens en moi une mélancolie « si profonde, que toute chose m'est désagréable, « même ma propre existence. Vous voyez bien que, « loin de pouvoir confier le motif de ma tristesse à « vous ou à mon père, je suis incapable de m'en « rendre raison à moi-même, à moins que cela ne « provienne de l'oubli de quelque péché dans ma « dernière confession. Je voudrais, si vous l'avez « pour agréable, me confesser de nouveau, afin que, « pendant la pâque de mai qui est prochaine, je « puisse, comme remède souverain à mes douleurs, « recevoir la sainte purification du corps sacré de « notre divin Sauveur. » Sa mère lui donna de suite son approbation, et lui dit qu'elle en serait satisfaite.

« L'ayant accompagnée deux jours après au couvent de Saint-François, elle la conduisit au père Lorenzo, qu'elle avait prévenu à l'avance, et prié avec instance de tâcher de savoir de sa fille par sa confession quelle était l'origine de ses chagrins.

« La jeune dame, aussitôt qu'elle se fut assurée que sa mère s'était éloignée, s'empressa d'une voix languissante de raconter au père Lorenzo la véritable cause de son chagrin; elle le supplia, au nom de l'amitié réciproque qui existait entre son mari et le religieux, de l'aider de son appui dans la position dangereuse où elle se trouvait. « Mais que puis-je « faire, ma très-chère fille, » lui répondit le vénérable père, « tant que l'inimitié entre ta famille et celle de « ton mari subsistera? — Je sais, mon père, » dit la jeune dame désolée, « que vous possédez beaucoup « de connaissances rares, et que vous pouvez m'ai-« der de mille manières; mais si vous ne voulez pas « me rendre d'autre service, accordez-moi au moins « celui-ci. Je vois bien que l'on prépare mes noces, « qui doivent se célébrer dans un palais de mon « père, qui est sur la route de Mantoue, à deux milles « d'ici; l'on doit m'y conduire, afin que, dans ce « lieu, j'aie moins de force pour refuser le mari que « l'on me veut donner; à peine y serai-je, que celui « qui doit m'épouser s'y rendra aussi. Je vous sup-« plie donc, mon père, de me donner un poison « assez puissant pour qu'il puisse nous délivrer dans « le même moment, moi, d'un tel supplice, et « Roméo, d'une semblable honte; autrement je serai « réduite à me plonger un poignard dans le sein, ce « qui sera encore plus affreux pour moi et plus dou-« loureux pour mon mari. »

« Le père Lorenzo voyant le désespoir dans lequel
était cette jeune dame, et pensant aussi combien lui-
même était à la merci de Roméo, dont sans aucun
doute il se ferait un ennemi s'il n'empêchait un pareil
malheur, répondit en ces termes : « Tu sais bien,
« Juliette, que je suis le confesseur de la moitié au
« moins des personnes de la ville ; qu'il n'en est
« aucune qui n'ait pour moi une grande considéra-
« tion ; que, de plus, il ne se fait pas un testament,
« pas une réconciliation, sans que j'y intervienne.
« Par cette raison, je ne voudrais pas, pour tout l'or
« du monde, tomber dans quelque scandale, ou qu'il
« fût jamais connu que je me sois mêlé de cette
« affaire. Pourtant, la tendresse que j'ai pour toi
« ainsi que pour ton mari me décidera à faire pour
« toi ce que je n'ai encore fait pour aucun autre.
« Bien entendu que tu me promettras de garder sur
« le tout le plus profond secret. — Donnez-moi ce
« poison en toute sécurité, mon père, reprit Juliette,
« et soyez bien assuré que personne au monde ne
« saura jamais... — Ce n'est pas du poison que je te
« donnerai, ce serait un trop grand dommage qu'une
« fille aussi belle et aussi jeune que toi pérît ainsi ;
« mais si tu as assez de courage pour faire ce que je
« te dirai, je me flatte de pouvoir te remettre ensuite
« entre les mains de ton mari.

« Tu sais que le tombeau des Cappelletti est placé
« dans notre cimetière, en dehors de cette église ; eh
« bien ! je te donnerai une poudre que tu prendras,

« elle te fera dormir quarante-huit heures à peu
« près, mais d'une telle manière, que tout homme
« appelé pour te voir, quelque habile médecin qu'il
« soit, te déclarera sans vie.

« Alors on disposera ce tombeau comme si tu étais
« réellement morte; et moi, quand il sera temps, je
« viendrai t'en retirer, et je te garderai dans ma cel-
« lule, jusqu'à l'époque non éloignée où nous aurons
« à Mantoue un chapitre auquel je dois me rendre;
« je t'emmènerai avec moi cachée sous les habits
« d'un de nos frères, et là, je te remettrai entre les
« bras de ton mari.

« Mais, dis-moi, n'auras-tu point peur de ton
« cousin Tébaldo, dont le corps est dans ce tombeau
« depuis si peu de temps? » La jeune dame jouissant
d'avance du succès qu'elle se promettait : « Mon
« père, dit-elle, je n'hésiterais pas même à traverser
« les flammes de l'enfer, pourvu que je parvinsse à
« rejoindre mon époux.

« — Eh bien donc, ma fille, » lui dit le bon religieux, « puisque tu es dans cette ferme résolution,
« je me ferai un vrai plaisir de t'assister; mais avant
« de ne rien entreprendre, je crois à propos que tu
« écrives le tout à Roméo de ta propre main, afin
« d'éviter les actes de violence et de désespoir aux-
« quels il pourrait bien se livrer, s'il te croyait réel-
« lement morte, car je sais combien il a d'amour
« pour toi.

« Il y a continuellement des religieux de notre

« ordre qui vont à Mantoue, où tu sais que se trouve
« ton mari; fais en sorte que j'aie promptement ta
« lettre, et je la lui ferai parvenir sur-le-champ par
« un messager fidèle. » Ayant dit cela, le bon religieux laissa la jeune dame dans le confessionnal, et
courut à sa cellule, d'où il revint bientôt rapportant
une petite boîte pleine de la poudre dont il avait
parlé. Il dit à Juliette, en la lui remettant : « Prends
« cette poudre, ma fille, et quand cela sera à pro-
« pos, trois ou quatre heures après le coucher du
« soleil, tu la mêleras dans de l'eau pure que tu boi-
« ras ensuite sans crainte, et au bout de deux heures
« elle commencera son effet qui, sans nul doute,
« nous fera réussir dans notre dessein; mais surtout,
« n'oublie pas auparavant de m'envoyer la lettre que
« je t'ai demandée pour ton mari; c'est un point très-
« important. »

« Juliette, ayant reçu la poudre du père Lorenzo,
retourna sur-le-champ auprès de sa mère, et, l'abor-
dant d'un air fort gai, elle s'empressa de lui dire :
« En vérité, madame, le père Lorenzo est le meil-
« leur confesseur qu'il y ait au monde; il m'a con-
« solée et encouragée de telle sorte qu'il ne me reste
« rien de ma tristesse passée. — Ah! tant mieux, ma
« chère enfant, » répliqua sa mère qui avait retrouvé
le bonheur depuis qu'elle voyait le contentement de
sa fille; « mais toi, n'oublie pas de lui témoigner
« ta reconnaissance par de fréquentes aumônes,
« car le couvent est bien pauvre; » et en causant

ainsi, elles s'en revinrent ensemble à leur maison.

« En effet, depuis cette confession, Juliette ayant repris toute sa gaieté ordinaire, messire Antonio et madame Giovana avaient perdu tout soupçon qu'elle eût un amour secret dans le cœur; ils attribuèrent à quelque bizarrerie les pleurs qu'ils lui avaient vu répandre depuis quelque temps; de manière qu'ils l'auraient volontiers laissée tranquille pour le moment sans lui parler davantage de mariage, s'ils n'eussent été avancés dans cette affaire, au point qu'il leur était impossible de reculer sans se couvrir de ridicule aux yeux de toute la ville, et se compromettre avec les comtes de Lodrone.

« Dans cet état de choses, ce jeune seigneur voulant faire connaître sa future épouse à quelques personnes de sa famille, et la santé de madame Giovana ne lui permettant pas en ce moment d'accompagner sa fille, elle fut remplacée par deux des tantes de Juliette, qui se rendirent avec elle au palais dont nous avons déjà parlé, que messire Antonio possédait à environ deux milles de Vérone; Juliette ne fit aucune résistance et s'y rendit de fort bonne grâce. Mais croyant que son père la faisait conduire à l'improviste dans cet endroit, afin de la livrer entre les mains de l'époux qu'il lui destinait, et qui eût été un second mari pour elle, elle avait eu soin de se munir de la poudre que lui avait donnée le père Lorenzo. La nuit qui suivit son arrivée, après le coucher du soleil, ayant appelé une jeune fille qui avait été élevée par elle, qui couchait ordinairement dans sa chambre, et qu'elle traitait presque comme une sœur, elle lui demanda une tasse d'eau fraîche, en lui disant qu'elle était tourmentée d'une soif ardente. Elle jeta dans cette tasse toute la poudre dont les effets étaient si prodigieux, et but cette eau tout d'un trait. Une des tantes qui l'avaient accompagnée s'étant réveillée dans ce moment, Juliette dit tout haut en la présence de cette tante et de la jeune fille: « Mon père ne me mariera pas certainement contre « ma volonté, si je puis m'y opposer. » Ces deux femmes qui avaient peu de finesse, quoiqu'elles eussent vu avaler la poudre qu'elle disait avoir mise dans l'eau seulement pour se rafraîchir, et qu'elles eussent entendu les paroles que nous venons de rapporter, n'en conçurent aucun soupçon, et le sommeil reprenant le dessus, elles se rendormirent.

« Juliette éteignit sa lumière, puis, sous un prétexte quelconque, sortit de son lit, se rhabilla entièrement, se recoucha, s'arrangea dans son lit comme si elle dût véritablement mourir, croisa ses deux bras sur sa poitrine, et attendit l'effet du breuvage qu'elle avait pris. Deux heures après, elle devint froide et immobile comme la mort.

« Le matin étant arrivé, et le soleil étant déjà fort haut sur l'horizon, on trouva Juliette étendue sur son lit, ainsi que nous venons de le dire; on voulut la réveiller, et ne pouvant y réussir, on s'aperçut

qu'elle était déjà toute froide : alors la jeune fille qui
avait couché auprès d'elle, ainsi que la tante, se
rappelèrent la poudre et l'eau que Juliette avait bue.
les paroles qu'elle avait ensuite prononcées : puis.
voyant toutes les précautions qu'elle avait prises.
elles ne doutèrent plus qu'elle ne se fût empoisonnée.
et qu'elle ne fût morte. A cette nouvelle, chacun
éclata en pleurs et en sanglots, et particulièrement
la jeune fille qui était à son service. Elle l'appelait
par son nom, et lui disait : « Ma bonne maîtresse,
« voilà donc l'explication des dernières paroles que
« je vous ai entendue proférer : *Certainement, mon*
« *père ne me mariera pas contre ma volonté !* C'était
« donc pour me tromper que vous me demandiez de
« l'eau fraîche que je vous ai donnée de bonne foi.
« et qui vous a servi à vous procurer cruellement
« une mort qui devait me rendre si malheureuse !
« Oh ! infortunée que je suis ! à qui dois-je m'en
« prendre ? Est-ce à la mort ou à moi-même ? Hélas !
« chère maîtresse, pourquoi, en mourant, avoir
« méprisé la compagnie de cette fidèle servante à
« laquelle, pendant votre vie, vous témoigniez tant
« de bienveillance, et qui serait morte avec vous,
« aussi volontiers qu'elle aurait passé sa vie à votre
« service ? Faut-il, ô maîtresse chérie, que ce soit
« moi qui vous aie apporté de mes propres mains ce
« qui devait vous ôter la vie, afin que je restasse
« malheureuse et abandonnée ! C'est donc moi, misé-
« rable que je suis, moi seule, qui d'un seul coup ai

« frappé de mort vous, votre père, votre mère et
« moi-même! »

« En parlant ainsi, cette malheureuse jeune fille
était montée sur le lit de sa maîtresse qu'elle serrait
étroitement entre ses bras et baignait de ses larmes.

« Messire Antonio, qui n'était pas loin de là,
entendant tous ces cris, accourut tremblant dans la
chambre de sa fille qu'il trouva sans mouvement. On
lui raconta alors en détail tout ce qui s'était passé
pendant la nuit et les dernières paroles de sa fille.
Quoiqu'il estimât pour certain qu'elle fût bien morte,
cependant, pour n'avoir aucun reproche à se faire,
il envoya de suite à Vérone chercher son médecin,
qui était fort savant et de grande renommée dans la
ville. Celui-ci, après avoir examiné la jeune femme,
lui avoir tâté le pouls, et s'être assuré par tous les
moyens ordinaires, déclara qu'il devait y avoir six
heures qu'elle avait cessé de vivre, par l'effet du
poison. A ces mots, le malheureux père, voyant que
toute espérance était perdue, s'abandonna au désespoir et versa un torrent de larmes.

« Cette funeste nouvelle, répétée de bouche en
bouche, arriva bientôt aux oreilles de la mère infortunée qui était restée à Vérone. A peine eut-elle
appris ce malheur, qu'elle tomba sans sentiment et
comme frappée de la foudre; mais ensuite, revenue
à elle, elle se frappait la poitrine, se meurtrissait le
corps, et, avec l'accent du désespoir, elle ne cessait
d'appeler sa fille chérie et de remplir l'air de ses

cris lamentables. « Tu es donc morte, ma chère
« Juliette, s'écriait-elle, toi, le seul soutien de ma
« vieillesse? comment as-tu pu abandonner si cruel-
« lement ta malheureuse mère, sans lui adresser
« même une dernière parole? Au moins que n'étais-je
« là pour fermer tes beaux yeux, pour rendre les
« derniers soins à ta dépouille mortelle! As-tu pu
« oublier, ma chère fille, à ton heure dernière, que
« ta résolution désespérée porterait à ta mère le coup
« de la mort? O vous qui m'entendez, aidez-moi à
« mourir; et si votre cœur n'est pas entièrement
« fermé à la pitié, si vous ne répugnez pas à me
« rendre ce service, mettez, par grâce, fin à mon
« existence avant que je sois consumée par la dou-
« leur. Et toi, souverain maître des cieux, puisque
« la mort ne vient pas aussitôt que je le voudrais,
« permets que ta foudre m'arrache une vie qui m'est
« insupportable. » Plusieurs des dames auxquelles
elle s'adressait s'empressèrent de la placer sur son
lit, tandis que d'autres employaient toute leur éloquence à la consoler; mais c'était en vain, elle ne
cessait de gémir et de se plaindre. Cependant, on
s'occupa d'enlever Juliette du lieu où elle était, et
on la transporta à Vérone, où se fit la cérémonie
funèbre, à laquelle assista un concours prodigieux de
parents et d'amis, qui, dans le plus grand deuil et
la plus profonde tristesse, l'accompagnèrent au cimetière de Saint-François, où elle fut inhumée dans le
tombeau de sa famille.

« Le père Lorenzo, obligé d'aller à quelque distance de la ville pour les affaires de son couvent,
ayant donné à un père, qui allait à Mantoue, la lettre
que Juliette avait écrite à son mari, avec ordre
exprès de ne la remettre qu'à Roméo et en mains
propres, le frère chargé de cet écrit était allé deux
ou trois fois à la maison de Roméo, où par malheur
il ne l'avait jamais trouvé. Ne voulant cependant pas
laisser la lettre à d'autres personnes, il la gardait
encore. Il arriva que Pierre, qui croyait sa maîtresse
morte, après s'être rendu au couvent de Saint-François à Vérone, où il ne trouva pas le père Lorenzo,
désespéré, se décida à porter lui-même à Roméo la
funeste nouvelle de la mort de Juliette.

« A cet effet, Pierre sortit de Vérone après midi,
et marcha toute la nuit suivante vers Mantoue, où il
arriva le lendemain matin de très-bonne heure;
ayant trouvé Roméo qui n'avait point encore reçu la
lettre de Juliette, il lui raconta en pleurant comment
Juliette était morte, qu'il l'avait vu porter au lieu de
sa sépulture; enfin il lui fit un récit circonstancié de
tout ce qu'elle avait dit et fait jusqu'à ses derniers
moments.

« A peine Roméo connut-il cette fatale nouvelle,
qu'une pâleur livide se répandit sur son visage, et
ayant tiré son épée, il fut sur le point de se tuer, si
ceux qui étaient présents ne l'en eussent empêché.
« Pourquoi, s'écria-t-il, me retenir? Ma vie mainte-
« nant ne peut être de longue durée, puisque j'ai

« perdu celle qui m'était mille fois plus chère que
« l'existence même.

« Ah! ma chère Juliette, c'est moi seul qui ai
« causé ta mort, en ne t'enlevant pas de la maison
« de ton père. Tu as voulu mourir pour ne point
« vivre séparée de moi: serait-il possible que par la
« crainte de la mort je pusse me résoudre à vivre
« sans toi? Oh non! cela ne sera jamais! » Puis se
retournant du côté de Pierre, il lui donna un habit
noir dont il était vêtu (en ce moment il était en deuil
d'une parente qui l'avait institué son héritier), et lui
dit : « Mon cher Pierre, maintenant tu peux te
« retirer. »

« Étant resté seul, Roméo réfléchit longtemps sur
ce qu'il avait à faire dans cette circonstance; enfin,
trouvant que la mort était bien préférable à la vie,
après s'être déguisé sous un costume de paysan, il
ouvrit une armoire où était en réserve depuis longtemps une fiole d'eau de serpent, prit ce poison, le
plaça dans sa manche, et se mit en route pour Vérone.
Il était bien décidé à s'en servir, dans le cas où il
aurait été arrêté en chemin; car s'il fût tombé entre
les mains de la justice, comme banni, il devait être
condamné à mort; mais il voulait terminer sa vie
auprès de Juliette.

« La fortune fut favorable à l'exécution de ce dernier dessein, car dans la soirée même du jour qui
suivit celui où sa femme avait été enfermée dans son
tombeau, Roméo entra dans Vérone, sans être reconnu

de personne, et attendit jusqu'à la nuit close, où toute la ville était livrée au silence et au repos, pour se rendre au couvent de Saint-François, où était situé le tombeau.

« Cette église était dans le lieu nommé *Cittadella*, où dans ce temps les religieux avaient leur couvent, le même qui avait été habité par saint François. Depuis ils le quittèrent, je ne sais par quelle raison, et vinrent demeurer dans le bourg de Saint-Zeno, dans l'endroit qu'on appelle Saint-Bernardin.

« Près des murs extérieurs de cette église se trouvaient adossés plusieurs tombeaux de pierre ; l'un d'eux était l'antique sépulture des Cappelletti et celui qui renfermait la jeune et belle Juliette. Roméo s'étant approché de cette dernière demeure, vers la quatrième heure après le coucher du soleil, put, avec de vigoureux efforts, enlever la pierre qui scellait le tombeau ; ensuite il la soutint en l'air, à l'aide de forts morceaux de bois qu'il avait apportés, afin qu'elle ne retombât pas sur lui, puis il entra dans le caveau.

« Ce malheureux amant avait eu soin d'apporter une lanterne, afin de pouvoir contempler encore une fois, même après sa mort, les traits de sa chère Juliette. Aussitôt qu'il l'aperçut couchée au milieu d'ossements et de débris de cercueils, dans sa douleur profonde il s'écria : « Beaux yeux qui avez paru « aux miens, tant qu'il a plu au ciel, si clairs et si « brillants ! ô belle bouche que j'ai si souvent pressée

« avec tant de délices! ô beau sein qui avez logé mon
« cœur avec tant de bonheur pour moi, comment
« vous retrouvé-je maintenant privés de lumière,
« muets et froids! Comment puis-je voir, parler et
« vivre sans vous? O malheureuse épouse, dans quel
« funeste séjour l'amour vous a-t-il conduite! Il veut
« cependant que ce petit espace renferme deux in-
« fortunés amants! Hélas! ce n'est pas là ce qu'il
« m'avait promis, lorsqu'il m'enflamma la première
« fois que je te vis. O misérable vie! pourquoi te
« conserver plus longtemps? » Il couvrait de baisers
les yeux, la bouche et la poitrine de sa Juliette, et
pleurant toujours avec plus d'amertume, il s'écriait :
« O voûtes sombres qui couvrez ce lieu, que ne
« tombez-vous sur moi, pour terminer au plus tôt
« ma vie! Mais puisque la mort est possible à qui la
« veut, ce serait une lâcheté à celui qui l'appelle
« aussi vivement que moi de ne pas se la donner. »

« Il prit alors la fiole qui renfermait le poison
qu'il avait apporté de Mantoue, et continua en ces
termes : « Je ne comprends pas quel destin me con-
« duit ici pour mourir entouré de mes ennemis, de
« ceux que j'ai tués de ma propre main, et pour être
« enseveli dans leur propre sépulture; mais, ô mon
« àme! puisque mourir auprès de mon épouse chérie
« est le seul bonheur que je puisse encore goûter en
« ce monde, ne le différons pas davantage. » Ensuite,
serrant tendrement le corps de sa chère Juliette, il
s'écria : « O objet chéri! unique but de tous mes

« désirs, si ton âme en s'échappant t'a laissé quelque
« sentiment, si elle voit ma mort cruelle, je la prie
« de n'avoir pas pour déplaisir qu'ayant été privé
« pendant ta vie du bonheur de porter publique-
« ment le titre de ton époux, il me soit permis au
« moins de mourir secrètement auprès de toi. » Et
la tenant toujours étroitement embrassée, il atten-
dait la mort.

« Cependant l'heure de se réveiller était arrivée
pour Juliette. Commençant à reprendre connaissance,
et se sentant ainsi pressée par quelqu'un, après avoir
poussé un profond soupir, elle s'écria : « O mon Dieu!
« où suis-je? Quelles sont ces étreintes? Qui me presse
« de cette manière? Malheureuse que je suis! qui
« donc m'embrasse? » Et croyant que c'était le père
« Lorenzo, elle dit : « Est-ce ainsi, mon père, que
« vous gardez votre foi à Roméo? Est-ce ainsi que
« vous me rendez à lui! » Roméo, voyant que sa
femme revenait à la vie, fut ravi. « O ma chère
« Juliette! dit-il, ne me reconnaissez-vous pas? Ne
« voyez-vous pas que c'est moi, votre époux infor-
« tuné, qui suis venu seul et dans le secret pour
« mourir auprès de vous? »

« Juliette, reconnaissant le tombeau et se sentant
dans les bras d'un homme qui disait être Roméo,
était hors d'elle-même, et l'ayant repoussé d'abord,
elle le regarda avec attention; mais l'ayant bientôt
reconnu, elle lui prodigua les plus tendres caresses
en disant : « O mon cher Roméo! qu'est-ce qui a pu

« vous amener ici, en vous exposant à tant de dan-
« gers? Ne vous suffisait-il pas de savoir par mes
« lettres comment, par l'assistance du père Lorenzo,
« je devais feindre d'être morte, afin de pouvoir me
« rendre très-prochainement auprès de vous? » L'in-
fortuné jeune homme, comprenant alors quelle grande
faute il venait de commettre en s'empoisonnant, commença à se plaindre en ces termes : « Oh! quel sort
« funeste! oh! malheureux Roméo! oh! le plus in-
« fortuné de tous les amants! Aucune lettre ne m'a
« informé de ce que vous me dites maintenant. »

« Roméo raconta alors de quelle manière Pierre
lui avait donné l'assurance de la mort de Juliette, et
comment, au désespoir et persuadé par ce récit, il
s'était rendu dans le tombeau, où, aux côtés de son
épouse, et pour n'être plus séparé d'elle, il avait pris
un poison subtil dont il commençait à sentir les effets,
que ses membres se refroidissaient et que pour lui la
mort était proche.

« La malheureuse Juliette, entendant un pareil
discours, fut tellement saisie de douleur, qu'exaltée
par le désespoir elle s'arrachait les cheveux et meurtrissait son innocente poitrine.

« Devenue plus pâle que la mort, elle embrassait
à plusieurs reprises Roméo, que la faiblesse et les
souffrances avaient fait tomber, et qui, le visage
tourné vers le ciel, était étendu aux pieds de son
épouse. Elle, toute tremblante et suffoquée par ses
sanglots, l'arrosant d'un torrent de larmes, lui di-

rait : « C'est donc pour moi et en ma présence, mon-
« seigneur, que volontairement vous avez décidé de
« mourir en ces lieux; mais croyez-vous que le ciel
« permette que je vous survive, ne fût-ce que quel-
« ques instants? Oh! non. Si au moins il m'était
« permis de racheter votre vie au prix de ma vie en-
« tière, et d'être seule à mourir! »

« Roméo, d'une voix languissante, lui répondit :
« Si jamais ma foi et mon amour vous ont été chers,
« vivez, je vous en supplie, vivez, puisque vous pou-
« vez encore jouir de la vie! vous qui êtes ma plus
« douce espérance. Je souhaite qu'après ma mort
« l'existence ne vous paraisse pas odieuse, du moins
« par le souvenir de celui qui a été enflammé par votre
« beauté au point d'être venu ici en votre présence. —
« Ah! répondit Juliette, si vous avez sacrifié votre vie
« pour ma mort qui n'était que feinte, que ne dois-
« je donc pas faire, cher époux, pour votre mort qui
« n'est, hélas! que trop réelle! Mon seul regret est
« de ne pas avoir le moyen de mourir avant vous;
« et je m'en veux à moi-même de vivre encore au
« moment de vous perdre. Mais j'espère qu'il ne se
« passera pas un long temps avant que votre Juliette,
« la cause innocente de votre mort, ne partage votre
« sort. » Ce fut avec grand'peine qu'elle prononça
ces derniers mots, et, accablée par la douleur, elle
recueillait les derniers soupirs de Roméo, son bien-
aimé, dont les derniers moments approchaient rapidement.

« Pendant ce temps, le père Lorenzo ayant été informé en quel temps et en quel lieu Juliette avait
pris la poudre qu'il lui avait donnée, et que la sup-
posant morte on l'avait portée dans son tombeau:
sachant de plus que l'époque où la poudre devait
perdre sa vertu allait arriver; ayant pris avec lui un
de ses religieux qui lui était dévoué, ils sortirent
tous deux du couvent, et se rendirent ensemble environ une heure avant le jour au tombeau de Cappelletti. Dès qu'ils y furent arrivés, entendant les plain-
tes et les sanglots de Juliette, et voyant par une
ouverture la lumière dans le monument, ce fut pour
le père Lorenzo le sujet d'un grand étonnement. Il
pensa alors que Juliette, par quelque moyen qu'elle
avait imaginé, avait apporté avec elle une lanterne,
et que, s'éveillant, elle était effrayée par l'esprit de
quelque mort, ou bien par la crainte d'être à jamais
enfermée dans ce tombeau. Il s'empressa donc avec
l'aide du religieux qui l'accompagnait d'ouvrir le
tombeau. Il aperçut Juliette qui, tout échevelée, gémissant et assise par terre, tenait sur son sein son
époux expirant.

« Le père Lorenzo adresse la parole à Juliette, et
lui dit : « Craignais-tu donc, ma chère fille, que je
« te laissasse mourir ici? »

« Entendant le religieux et redoublant ses pleurs,
elle répondit : « Bien loin de là, ma seule crainte
« est que vous ne m'en retiriez vivante encore. Ah!
« par la miséricorde de Dieu, refermez cette sépul-

« ture, et éloignez-vous afin que je puisse mourir
« tranquille; ou bien donnez-moi un poignard, afin
« qu'en le plongeant dans ma poitrine je puisse
« sortir de cet horrible tourment. Oh! mon père!
« mon père! est-ce donc ainsi que vous avez envoyé
« ma lettre à Mantoue? Est-ce ainsi que je serai
« mariée et que vous me remettrez entre les mains de
« Roméo? Voyez-le sur mon sein, ce malheureux
« époux déjà mort! » Elle raconta ensuite tout ce qui
s'était passé, et lui montra l'état désespéré dans lequel Roméo se trouvait.

« Le père Lorenzo, entendant le récit d'événements aussi funestes, en fut atterré et comme privé
de ses sens; et regardant son jeune ami sur le point
d'expirer, il lui dit : « Ah! Roméo, quel malheur te
« ravit à moi? Parle-moi un peu, tourne tes yeux
« vers moi. Ah! cher Roméo! vois ta tendre Juliette,
« elle te prie de la regarder, au moins réponds-lui
« à ta Juliette qui te serre dans ses bras. »

« Roméo, au doux nom de son épouse chérie, leva
avec peine ses paupières déjà appesanties par les
approches de la mort, et ayant tendrement fixé sa
Juliette, il referma les yeux de nouveau, peu après,
au milieu d'horribles convulsions, et, poussant un
profond soupir, il expira.

« Ce malheureux amant étant mort dans les cir-
constances que je viens de vous raconter, le jour
commençant à paraître, après bien des pleurs et des
gémissements, le père Lorenzo dit à la jeune dame :

« Et toi, Juliette, que comptes-tu faire? — Je suis
« décidée à mourir ici, » lui répondit-elle. « Pour-
« quoi donc, ma fille? reprit le religieux; il ne faut
« pas parler ainsi et se laisser vaincre par le déses-
« poir. Sors de ce lieu funeste : encore que dans le
« moment je ne sache quel parti prendre, je pense
« qu'il ne sera pas difficile de te placer pour toujours
« dans une sainte retraite, où tu pourras prier Dieu
« pour toi et pour le repos de l'âme de ton époux,
« dans le cas où elle aurait besoin de prières. — Ah!
« mon père, répondit Juliette, je ne vous demande
« qu'une seule grâce, et j'espère que vous ne me la
« refuserez pas, en raison de l'amitié qui vous unis-
« sait à Roméo (lui parlant ainsi, elle montrait le
« corps de son époux): l'unique grâce que je vous
« demande, c'est de tenir secrète notre mort, afin
« que nos corps puissent rester réunis ici. Et si par
« événement il arrivait que le bruit s'en répandît, je
« vous prie, au nom de cette même amitié, de sup-
« plier le père de Roméo et le mien de ne point
« s'opposer à ce qu'un seul et même tombeau ren-
« ferme les cendres de deux amants que l'amour a
« consumés du même feu qui les a conduits à la
« même mort. » Ayant achevé ces paroles, elle se
tourna du côté de Roméo dont elle avait placé la
tête sur un coussin qui avait été laissé dans le tombeau, ferma les yeux de son époux avec beaucoup
de soin, et arrosant d'abondantes larmes son visage
déjà glacé par la mort : « Pourquoi te survivrais-je? »

s'écria-t-elle, « quel devoir envers toi me reste-t-il
« à remplir autre que celui de t'accompagner au sé-
« jour des morts? Non, sans doute; il ne me reste
« qu'à te suivre, afin que la mort même, qui seule
« pouvait nous séparer, soit au contraire le lien qui
« nous réunisse à jamais. » En finissant ces mots,
une idée terrible s'empara de tout son esprit, et, ne
songeant plus qu'à la perte de son cher Roméo, elle
résolut de ne pas lui survivre. Étant donc restée
quelques instants immobile, retenant sa respiration,
elle exhala un profond soupir, et, jetant un horrible
cri, elle tomba morte sur le corps inanimé de son
époux.

« Lorsque le père Lorenzo se fut assuré que la jeune
dame était morte, il fut ému d'une compassion telle
qu'il ne savait plus que faire: et lui et son compagnon, pénétrés d'une douleur profonde, continuaient
de pleurer sur ces deux amants infortunés.

« Pendant ce temps, la garde du podestat, étant à
la recherche de quelques voleurs, vint à passer dans
ce lieu, et ayant vu de la lumière dans le tombeau,
elle y accourut, et y trouvant les deux religieux :
« Mes révérends, que faites-vous ici à l'heure qu'il
« est? Vous occupez-vous de charmes et de maléfices
« sur ce sépulcre? »

« A la vue de ces officiers de justice, que le père
Lorenzo reconnut très-bien, il fut tout consterné.
Cependant il leur dit : « Que personne de vous ne
« m'approche, car vous n'avez aucun droit sur un

« homme de mon caractère ; et si vous voulez quel-
« que chose de moi. demandez-le de loin. » Alors le
chef prit la parole : « Nous voulons savoir, dit-il,
« pourquoi vous avez ouvert la sépulture des Cap-
« pelletti, dans laquelle on a déposé hier une jeune
« dame de cette famille ; et si je ne vous connaissais,
« révérend père Lorenzo, pour un homme respec-
« table, je penserais que vous êtes venu ici pour dé-
« pouiller les morts. » Les deux religieux ayant éteint
leur lumière, dirent : « Nous ne vous dirons point ce
« que nous faisons ici, parce que vous n'avez pas le
« droit de le savoir. — Cela est vrai, repartit le chef,
« mais je ne manquerai pas d'en faire au souverain
« un prompt rapport. » Le père Lorenzo. entièrement absorbé par les sentiments douloureux qu'avait
excités en lui le triste spectacle dont il avait été le
témoin : « Fais ton rapport, ajouta-t-il, et dis ce que
« tu voudras ; » et s'étant empressé de fermer le
tombeau, il entra dans l'église avec son compagnon.

« Il était presque jour, lorsque les religieux parvinrent à se débarrasser des officiers de justice, de
de manière que l'un de ceux-ci se rendit de suite à la
maison d'un des Cappelletti, auquel il rendit compte
de ce qui s'était passé entre eux et les religieux au
tombeau de sa famille. Ce Cappelletti, qui connaissait peut-être les rapports intimes qui existaient
entre Roméo et le père Lorenzo, alla sans retard
trouver le souverain, et le supplia de savoir du père
Lorenzo lui-même ce qu'il était allé faire à une pa-

reille heure dans la sépulture des Cappelletti, et
même d'employer la force, dans le cas où il se refu-
serait à donner les éclaircissements qu'on lui demandait. Le souverain, ayant fait placer convenablement
des gardes pour empêcher ce religieux de fuir ou
d'échapper, lui fit donner ordre de comparaître devant lui.

« Le religieux, ainsi contraint, se rendit en effet
devant son souverain qui lui fit cette question : « Que
« cherchiez-vous ce matin dans la sépulture des
« Cappelletti? dites-le nous, car nous voulons abso-
« lument le savoir. — Monseigneur, » répondit alors
le religieux, « je le dirai bien volontiers à Votre Sei-
« gneurie. J'étais le confesseur de la fille d'Antonio
« Cappelletti, morte il y a peu de jours d'une ma-
« nière si étrange, et, comme ma fille spirituelle,
« elle m'avait inspiré beaucoup d'intérêt. N'ayant pu
« assister à ses obsèques, j'étais allé à son tombeau
« pour réciter sur son cercueil certaines oraisons,
« lesquelles, répétées neuf fois de suite sur un corps,
« délivrent son âme des peines du purgatoire; et
« comme peu de personnes connaissent ces prières
« ou comprennent cette dévotion, les ignorants pré-
« tendent que je voulais dépouiller les morts. Je ne
« sais pas si j'ai l'air d'un grand brigand, capable
« de pareilles actions, mais cette pauvre robe et ce
« cordon (montrant son costume) suffisent à mon
« ambition, et je ne fais pas plus de cas de tous les
« trésors que possèdent les vivants que de la dé-

« pouille de deux morts, et ce serait bien à tort
« qu'on voudrait m'imputer une pensée blâmable. »

« Le souverain aurait facilement ajouté foi au discours du religieux, s'il ne fût arrivé que beaucoup
de frères qui n'aimaient pas le père Lorenzo, ayant
appris de quelle manière il avait été trouvé dans ce
tombeau, voulurent à leur tour y entrer. Mais dès
qu'ils l'eurent ouvert et qu'ils y virent le corps de
Roméo Montecchi mort, ils se rendirent en grande
rumeur auprès du souverain qui s'entretenait encore
avec le père Lorenzo, et lui apprirent comment ils
avaient trouvé Roméo Montecchi mort, dans la même
sépulture dans laquelle on avait surpris les deux religieux pendant la nuit. Cela parut généralement
impossible, et personne ne pouvait y croire.

« Cependant le père Lorenzo, voyant qu'il ne pouvait cacher plus longtemps ce qu'il avait un si grand
désir de tenir secret, se jette à genoux devant le
souverain, et lui dit : « Pardonnez-moi, monseigneur,
« si je n'ai pas répondu la vérité aux questions que
« vous m'avez faites; car ce n'a pas été par malice,
« ni dans l'espoir de tirer aucun profit que j'ai fait
« cette faute, mais dans l'intention seulement de
« garder la foi promise à deux malheureux époux,
« qui ont payé de leur vie l'amour qui les unissait
« l'un à l'autre. » Le religieux fut donc ainsi forcé
de raconter en détail, et devant tous ceux qui étaient
présents, toute cette histoire.

« Bartolomeo della Scala, entendant ce récit, fut

ému d'une si forte compassion qu'il en fut touché jusqu'aux larmes. Il voulut visiter lui-même les deux morts et se rendit au tombeau, suivi d'une grande quantité de peuple. Il fit transporter les deux amants dans l'église de Saint-François, où il les fit placer sur deux tapis.

« Dans ce même temps, les pères des deux infortunés époux vinrent dans cette église, pleurant sur les restes de leurs enfants, et quoiqu'ils fussent ennemis, ne pouvant résister aux sentiments généreux qu'excitait en eux une juste compassion pour un sort si funeste, ils s'embrassèrent; de sorte que la longue inimitié qui existait entre les deux familles, et qui n'avait jamais cédé ni aux prières des amis, ni aux menaces du souverain, ni aux intérêts particuliers, et que le temps même n'avait pu éteindre, cessa enfin par la mort de ces deux infortunés.

« On leur érigea un magnifique monument, sur lequel peu de jours suffirent pour graver leur histoire. Les deux amants y furent ensevelis avec une pompe solennelle, accompagnée du souverain, des familles, et d'un nombreux concours des gens de la ville, qui s'attendrissaient sur un aussi funeste sort. »

Ici finissent les amours malheureux de Roméo Montecchi et de Juliette Cappelletti.

Voilà le premier germe de la tragédie. Voilà le romancier; maintenant, voyons le poëte.

II.

Et maintenant. voici le poëte qui va donner la parole, la vie, le mouvement au récit. Supposez-vous spectateur populaire, regardez et écoutez !

Le théâtre représente une place publique de Vérone.

Les personnages sont :

LE PRINCE de Vérone.
PARIS, jeune seigneur.
MONTAGUE, | chefs des deux maisons ennemies.
CAPULET, |
UN VIEILLARD, oncle de Capulet.
ROMÉO, fils de Montague.
MERCUTIO, parent du prince et ami de Roméo.
BENVOLIO, neveu de Montague et ami de Roméo.
TYBALT, neveu de Capulet.
FRÈRE LAURENCE, moine franciscain.
FRÈRE JEAN, religieux du même ordre.
BALTHAZAR, page de Roméo.
SAMSON, | valets de Capulet.
GRÉGOIRE, |
ABRAHAM, valet de Montague.
PIERRE, valet de la nourrice.
UN APOTHICAIRE.
LE CLOWN, ou le Scapin anglais de la pièce.
TROIS MUSICIENS.
UN PAGE.
UN OFFICIER.

LADY MONTAGUE, femme de Montague.
LADY CAPULET, femme de Capulet.
JULIETTE, fille de Capulet.
LA NOURRICE.

CITOYENS DE VÉRONE; SEIGNEURS ET DAMES, PARENTS DES DEUX
FAMILLES; MASQUES, GARDES, GUETTEURS DE NUIT, GENS DE
SERVICE.

La scène est tantôt à Vérone, tantôt à Mantoue.

Si on nous demande ce que fait là le *clown* ou le
mauvais plaisant grotesque et facétieux si déplacé
parmi ces personnages de sang et de larmes d'une
tragédie, nous répondrons que c'est évidemment
une concession du poëte à l'habitude ricaneuse du
peuple qui fréquentait son théâtre, un os à ronger
à son parterre qu'il méprisait lui-même, mais qu'il
jetait par mépris à des spectateurs pressés de rire
et de pleurer tout à la fois. Mais quoi qu'en aient dit,
il y a vingt ans, les fanatiques exagérés du goût
romantique et M. Hugo lui-même, le rire nuit aux
larmes et les larmes nuisent au rire, le contraste
est trop fort pour être dans la nature. Tout est har-
monie dans le goût comme dans les impressions de
l'homme. On ne trouve rien de pareil dans les
drames sublimes de l'antiquité, parce que l'antiquité était plus près que nous de la nature. — Je
m'étonne, disait Napoléon, homme très-antique, à
Schiller et à Gœthe, dans le salon de la duchesse de

Weimar, que des hommes de génie tels que vous,
vous vous efforciez d'imiter en ceci Shakspeare et
que vous ne compreniez pas, comme les anciens et
comme les Français, que les *genres tranchés* sont la
condition de l'art en tout genre, et que vouloir
réunir dans la même pièce le comique de Molière et
le tragique de Corneille, c'est les faire grimacer tous
les deux. — Gœthe et Schiller le sentaient bien;
mais Shakspeare était alors le dieu de la scène, et
les Allemands n'avaient d'autre raison à donner que
l'imitation, cette raison de ceux qui n'en ont pas
d'autre.

III.

La première scène donne tout de suite au spectateur la situation de Vérone, divisée en factions
contraires et en familles aristocratiques pour lesquelles ou contre lesquelles le peuple de Vérone
prend parti à chaque occasion de rixe, malgré les
efforts du prince-souverain de Vérone, Jean de la
Scala, qui s'efforce d'éteindre ces vieux brandons de
discorde sous la sévère autorité de son gouvernement
absolu.

Deux groupes d'hommes du peuple se rencontrent
dans la rue, les uns partisans des Capulet, les autres

des Montague ; ils commencent par se regarder de mauvais œil et à se railler, puis ils se défient, puis ils se heurtent sans tirer les épées. Benvolio et Tybalt, deux jeunes nobles du parti des Capulet, entraînés par l'exemple, se jettent l'arme à la main contre les partisans des Montague ; le combat s'engage ; mais les citoyens impartiaux et amis du bon ordre arrivent, des bâtons à la main, et tombent à la fois sur les deux partis pour les séparer au nom de la loi, du prince, de la paix publique. Le prince lui-même sort de son palais et menace de sa colère le vieux Capulet et le vieux Montague accourus sur la place au bruit de la rixe ; il emmène avec lui Montague et il assigne Capulet à venir le soir écouter sa sentence dans son palais.

« Et où donc était mon Roméo ? » demande lady Montague à Benvolio, l'ami de son fils, et qui la ramène à son palais ? « Je suis bien aise qu'il n'ait pas été dans cette bagarre.

« — Madame, » lui répond Benvolio, d'un ton solennel et dans le rhythme poétique, « une heure avant que le soleil sacré perçât la vitre d'or de l'Orient, mon esprit agité m'a entraîné à sortir. Tout en marchant dans le bois de sycomores qui s'étend au couchant de la ville, j'ai vu votre fils qui s'y promenait déjà ; mais à mon aspect, il s'est dérobé dans la profondeur du bois. Pour moi, jugeant de ses impressions par les miennes qui ne sont jamais si absor-

bées que quand elles sont solitaires, j'ai suivi ma
fantaisie sans troubler la sienne, j'ai évité celui qui
m'évitait.

« Connaissez-vous la cause de sa mélancolie? »
lui dit la mère de Roméo.

« — Non, » répond Benvolio, « il est aussi ren-
fermé en lui-même que le bouton de fleur rongé par
un ver jaloux, avant de pouvoir épanouir à l'air ses
pétales embaumés et offrir sa beauté aux regards du
soleil ! »

Singulier langage lyrique et élégiaque qui contraste avec la sévérité rapide du dialogue tragique,
et qui atteste l'empressement gauche et vaniteux de
l'auteur à montrer en lui le poëte descriptif au lieu
du personnage concis et précis; confusion des genres
et promiscuité de goût dont les littératures naissantes
offrent mille exemples, même dans les plus grands
poëtes; car c'est le grand poëte qui fait la pièce,
mais c'est le peuple qui fait le goût.

<h2 style="text-align:center">IV</h2>

Roméo s'approche, et sa mère le laisse avec son
ami, chargé de lui arracher son secret.

Le dialogue s'engage et Roméo confesse à Benvolio

qu'il est éperdument épris d'une jeune beauté de Vérone, Rosaline, qui efface toutes les autres, mais qui reste insensible à ses feux.

« Amour ! » s'écrie Roméo, plus semblable dans 'e langage de Shakspeare au héros de Cervantes qu'à un jeune homme consumé d'un feu véritable, « ô tumultueux amour ! ô amoureuse haine ! ô tout créé de rien ! ô lourde légèreté ! ô vanité sérieuse ! chaos informe de ravissantes visions ! plume de plomb ! lumineuse fumée ! feu glacé ! santé maladive ! sommeil éveillé ! Voilà l'amour que je sens, et je n'y sens pas l'amour. — L'amour, » continue-t-il, « est une fumée de soupirs, une flamme qui éclate aux yeux des amants, une mer qu'alimentent leurs larmes. Qu'est-ce encore ? La folie la plus raisonnable ! une douce amertume ! une vivifiante fadeur ! — Adieu, mon cousin.

« Celle que j'aime a le caractère de Diane ; armée d'une chasteté à toute épreuve, elle vit à l'abri de l'arc enfantin de l'amour ; elle se dérobe au choc des regards provoquants ; elle ferme son sein « à l'or qui séduirait une sainte ! »

Cette déclaration amphigourique d'amour de Roméo pour une autre que Juliette a évidemment ici deux intentions dans l'esprit du poëte : la première, de montrer au spectateur le caractère mé-

lancolique et passionné de Roméo ; la seconde, d'exprimer bientôt après la toute-puissance irrésistible
et incalculable de la beauté encore inconnue de
Juliette, puisqu'à son premier rayonnement elle
efface tout ce faux amour d'imagination dans Roméo,
comme la réalité efface l'ombre, et ne laisse pas
même Roméo se souvenir de son premier rêve, dès
que Juliette a entrelui à ses yeux. Aussi bien que
dans un drame spiritualiste moderne, l'unité de sentiment eût semblé préférable à cette inconsistance
de passion; nous hésitons à la blâmer. Elle a, chez
les natures méridionales surtout, sa justification dans
le caractère sensuel des passions du Midi. D'ailleurs,
l'histoire la fournissait elle-même ainsi au poëte.
Glissons donc sur cette légère inconvenance qui est
peut-être une beauté. Et puis, la fatalité qui commence ainsi à se montrer dans *Roméo et Juliette* est
une divinité inattendue et implacable qui va apparaître dans tout le sujet de la pièce, et qui apparaît
d'autant plus dans l'entraînement de ces deux
amants l'un vers l'autre à première vue, que l'un
des deux se croyait plus prémuni par un premier
amour contre toute séduction des yeux et du cœur.
Ainsi, ni l'innocence dans Juliette, ni l'amour anté-
rieur dans Roméo n'y peuvent rien. Ils se voient, et
la fatalité les jette dans les bras l'un de l'autre. Le
courant électrique qui de nos jours fait le tour du
globe en quelques secondes avait été inventé par la
fatalité et par Shakspeare dans cette rencontre du

bal masqué, qui donne à deux regards la vitesse et
la chaleur de deux coups de foudre.

V

Une courte scène épisodique entre un gentilhomme
de Vérone, nommé Pâris, et le vieux Capulet, qui
lui offre sa fille en mariage ; un aparté du clown
chargé de porter dans la ville les billets d'invita-
tion au bal que les Capulet se proposent de donner,
font avancer ici le drame et le compliquent.

Le clown rencontre Roméo et Benvolio, leur débite
quelques facéties de son métier et leur dit qu'à moins
qu'ils ne soient des Montague ils peuvent venir boire
et danser à la fête.

« J'irai masqué, » dit Roméo, « non pour jouir
de la fête, mais pour voir l'objet de mon ado-
ration. »

Lady Capulet, mère de Juliette, et la nourrice de
Juliette entrent en scène. Elles appellent Juliette, à
qui sa mère fait confidence du mariage projeté par
son père avec Pâris. La nourrice appuie par les plus
scandaleuses paroles les instances de lady Capulet.

On n'oserait pas répéter les grossières obscénités de
la nourrice à l'innocente enfant.

La fête commence. Roméo, vêtu en pèlerin, y
entre avec un groupe de cinq ou six masques qui
badinent à la porte avec lui. Mercutio, un de ses
amis et le poëte de la bande, leur raconte un rêve
sur la reine Mab, la reine des fées, dont la grâce
étudiée et maniérée a fait l'admiration de ce siècle
au goût indécis et équivoque :

MERCUTIO.

Oh ! je le vois bien, la reine Mab vous a fait
visite. Elle est la fée accoucheuse et elle arrive, pas
plus grande qu'une agate à l'index d'un alderman,
traînée par un attelage de petits atomes à travers les
nez des hommes qui gisent endormis. Les rayons des
roues de son char sont faits de longues pattes de
faucheux ; la capote, d'ailes de sauterelles ; les rênes,
de la plus fine toile d'araignée ; les harnais, d'hu-
mides rayons de lune. Son fouet, fait d'un os de
grillon, a pour corde un fil de la Vierge. Son cocher
est un petit cousin en livrée grise, moins gros de
moitié qu'une petite bête ronde tirée avec une épingle
du doigt paresseux d'une servante. Son chariot est
une noisette vide, taillée par le menuisier écureuil
ou par le vieux ciron, carrossier immémorial des
fées. C'est dans cet apparat qu'elle galope de nuit
en nuit à travers les cerveaux des amants qui alors

rêvent d'amour, sur les genoux des courtisans qui rêvent aussitôt de courtoisie, sur les doigts des gens de loi qui aussitôt rêvent d'honoraires, sur les lèvres des dames qui rêvent de baisers aussitôt! Ces lèvres, Mab les crible souvent d'ampoules, irritée de ce que leur haleine est gâtée par quelque pommade. Tantôt elle galope sur le nez d'un solliciteur, et vite il rêve qu'il flaire une place; tantôt elle vient avec la queue d'un cochon de la dîme chatouiller la narine d'un curé endormi, et vite il rêve d'un autre bénéfice: tantôt elle passe sur le cou d'un soldat, et alors il rêve de gorges ennemies coupées, de brèches, d'embuscades, de lames espagnoles, de rasades profondes de cinq brasses, et puis de tambours battant à son oreille: sur quoi il tressaille, s'éveille, et, ainsi alarmé, jure une prière ou deux, et se rendort. C'est cette même Mab qui, la nuit, tresse la crinière des chevaux et dans les poils emmêlés durcit les nœuds magiques qu'on ne peut démêler sans encourir de grands malheurs. C'est le cauchemar des jeunes filles qui, etc. (L'impudeur des images force ici la plume à s'arrêter avec dégoût.)

« Entrons, » dit Benvolio, « le souper est fini, nous arriverons trop tard!

« — Trop tôt, j'en ai peur, dit Roméo, mon âme pressent qu'une cruelle catastrophe encore suspendue à mon étoile aura pour date funeste cette nuit de fête et terminera par une mort prématurée la misérable existence contenue dans mon sein; mais que celui

qui est le pilote de ma destinée dirige ma voile. —
En avant, joyeux amis!

« — Battez, tambours! » s'écrie joyeusement Benvolio en entrant dans le palais.

Une scène triviale entre les valets et les servantes,
autour des buffets, amuse le peuple.

Le vieux Capulet entre tout joyeux dans la
salle suivi de Juliette, de sa nourrice, de Tybalt,
son jeune parent, et enfin de Roméo et de ses amis
masqués.

« Soyez les bienvenus, seigneurs, » leur dit Capulet, « celles de ces demoiselles qui n'ont pas de cors
aux pieds vont vous donner de l'exercice. Allons,
musiciens, jouez de vos instruments! »

Le bal commence; le mélancolique Roméo n'y
prend point part.

« Quelle est cette jeune dame qui pare la main
de ce cavalier là-bas? » demande-t-il à un valet.

« — Je ne sais pas, seigneur!

« — Oh! Elle apprend aux flambeaux à illuminer, » continue-t-il dans son extase. « Sa beauté
est suspendue à la face de la nuit comme un riche
joyau à l'oreille d'un Éthiopien. Beauté trop pré-
cieuse pour qu'elle soit jamais la possession d'un
mortel, trop céleste pour la terre! Telle la colombe

de neige au milieu d'un troupeau de corneilles, telle apparaît cette jeune dame entre toutes ses compagnes. Cette danse finie, j'épierai la place où elle se tient, et je donnerai à ma main rude le bonheur de toucher la sienne! Mon cœur a-t-il jamais aimé jusqu'ici? Dites-le, mes yeux. Non, car jusqu'à ce soir je n'avais jamais vu la vraie beauté. »

Tybalt, qui a entendu ces exclamations involontaires et passionnées, désignant Roméo :

« Je reconnais cette voix, » dit-il à un page, « ce doit être un Montague. Va me chercher ma rapière! Quoi! le misérable ose venir ici couvert d'un masque grotesque narguer et insulter notre fête? Oh! par l'antique honneur de ma race, je ne crois pas qu'il y ait péché à l'étendre mort! — Ce doit être Roméo, » dit un des Capulet. « — C'est lui, c'est ce misérable Roméo, » affirme Tybalt.

Le vieux Capulet intervient et calme par de bonnes paroles l'indignation de ses partisans.

« Ne lui dites rien, » recommande-t-il à Tybalt, « il a les manières du plus courtois gentilhomme, et à vrai dire Vérone est fière de lui comme d'un jeune homme vertueux et bien élevé; je ne voudrais pas pour toutes les richesses de cette ville qu'ici, dans ma maison, il lui fût fait une avanie. »

Tybalt, mécontent de l'indulgence du vieux Capulet, son oncle, se retire en grommelant et en se promettant vengeance.

Roméo s'avance et prend la main de Juliette :

« Si j'ai profané avec mon indigne main cette châsse sacrée, je suis prêt à une douce pénitence. Permettez à mes lèvres, comme à deux pèlerins rougissants, d'effacer ce sacrilége par un tendre baiser. »

JULIETTE.

Bon pèlerin, vous êtes trop sévère pour votre main qui n'a fait preuve jusqu'ici que d'une respectueuse dévotion : les saintes elles-mêmes ont des mains qui peuvent toucher les mains des pèlerins, et cet attouchement est un pieux baiser.

ROMÉO.

Les saintes n'ont-elles pas des lèvres, et les pèlerins aussi?

JULIETTE.

Oui, des lèvres vouées à la prière.

ROMÉO.

Oh! alors, chère sainte, que les lèvres fassent ce que font les mains; les miennes te prient, exauce-les, de peur que leur foi ne se change en désespoir.

JULIETTE.

Les saintes restent immobiles tout en exauçant les
prières.

ROMÉO.

Restez donc immobile, tandis que je recueillerai
l'effet de ma prière. (Il cueille un baiser sur les lèvres de
Juliette.) Vos lèvres, dit-il, ont effacé le péché des
miennes !

JULIETTE.

Mes lèvres ont gardé pour elles le péché qu'elles
ont pris des vôtres.

« Je vous remercie tous, honnêtes gentilshommes, »
leur dit le vieux Capulet en les congédiant.

La nourrice interrogée par Roméo lui apprend que
la jeune dame qu'il vient d'embrasser est la fille de
la maison. Il s'éloigne éperdu de désir et de terreur.

Juliette, de son côté, passe à côté de sa nourrice,
l'interroge rapidement et à voix basse sur Roméo.

« Son nom est Roméo ; c'est un Montague et
fils de votre mortel ennemi. — Est-il marié ? S'il est
marié, » se dit-elle à elle-même, « mon cercueil
pourrait bien être mon lit nuptial. Il est né en moi

un monstrueux amour, puisque je dois aimer mon ennemi exécré. »

Le chœur, que Shakspeare emploie quelquefois pour l'intelligence de la situation, appuie par ses réflexions rimées le contraste de la haine des deux maisons et de la passion des deux amants.

La scène suivante nous montre Roméo errant la nuit sous un mur du jardin de Capulet. Il l'escalade, saute dans le jardin; il est aperçu par Benvolio et Mercutio, ses amis, qui prennent en plaisanterie sa nouvelle passion, et qui l'apostrophent à demi-voix d'un ton railleur.

MERCUTIO.

Je ferai plus; je vais le conjurer... — Roméo! caprice! frénésie! passion! amour! apparais-nous sous la forme d'un soupir! Dis seulement un vers, et je suis satisfait! Crie seulement *hélas!* accouple seulement *amour* avec *jour!* Rien qu'un mot aimable pour ma commère Vénus! Rien qu'un sobriquet pour son fils, pour son aveugle héritier, le jeune Abraham Cupido, celui qui visa si juste, quand le roi Cophétua s'éprit de la mendiante!... — Il n'entend pas, il ne remue pas, il ne bouge pas. Il faut que ce babouin-là soit mort : évoquons-le. — Roméo, je te conjure par les yeux brillants de Rosaline, par son front élevé et par sa lèvre écarlate, par son pied mignon, par sa jambe svelte, par sa cuisse frémissante, et par les domaines adjacents : apparais-nous sous ta propre forme !

Roméo se dérobe et se tait sous les arbres.

« Il se rit des peines celui qui n'a jamais reçu de blessures. — (Apercevant Juliette à sa fenêtre.) Mais chut ! quelle lumière jaillit par cette fenêtre ? Voilà l'Orient, et Juliette est l'aurore ! — Lève-toi, radieuse aurore, et toi, la lune jalouse ; déjà elle languit et pâlit de douleur, parce que toi, sa prêtresse, tu es plus belle qu'elle-même... Que dit-elle ? Rien. Mais non, son regard parle, et je veux lui répondre. Deux des plus belles étoiles du ciel ayant affaire ailleurs ont chargé ses yeux de briller à leur place dans leur sphère... Le seul éclat de ses yeux fait pâlir la clarté des astres comme le grand jour une lampe... et ses regards du haut du ciel dardent une telle lumière à travers les régions aériennes, que les oiseaux chanteraient, croyant que la nuit n'est plus. — Voyez comme elle appuie sa joue sur sa main. Oh ! que ne suis-je le gant de cette main, je toucherais sa joue ! »

JULIETTE.

Hélas !

ROMÉO.

Elle parle ? Oh ! parle encore, ange de lumière !

JULIETTE.

O Roméo! Roméo! Pourquoi es-tu Roméo? Renie
ton père et abdique ton nom, ou, si tu ne le veux pas,
jure de m'aimer et je ne serai plus une Capulet!
Mais ton nom seul est mon ennemi! Non, tu n'es pas
un Montague, tu es toi-même. — Qu'y a-t-il sous un
nom? Cette fleur que nous appelons une rose embau-
merait autant sous un autre nom! Roméo! renonce
à ton nom et, à la place de ce nom qui ne fait pas
partie de toi, prends-moi tout entière!

ROMÉO.

Je te prends au mot; appelle-moi seulement ton
amour, et je reçois un nouveau baptème. Non, désormais je ne suis plus Roméo!

JULIETTE.

Quel homme es-tu toi qui, ainsi caché par la nuit,
viens de surprendre mon secret?

ROMÉO.

Je ne sais plus, ô sainte chérie, par quel nom t'in-
diquer qui je suis: mon nom m'est devenu odieux à
moi-même, puisqu'il est pour toi ennemi! Si je l'avais
là écrit, j'en déchirerais les lettres.

. . . .

JULIETTE.

Comment es-tu venu ici, et dans quel but? Les murs

du jardin sont hauts et difficiles à franchir; considère
qui tu es, ce lieu est la mort... si quelqu'un des
miens te trouve ici.

ROMÉO.

Hélas! il y a plus de périls pour moi dans un de
tes regards que dans vingt de leurs épées; que ton
regard me soit doux, et je suis à l'épreuve de leur
inimitié!

JULIETTE.

Je ne voudrais pas pour le monde entier qu'ils te
vissent ici.

ROMÉO.

J'ai le manteau de la nuit pour me soustraire à
leur vue. D'ailleurs, si tu ne m'aimes pas, qu'ils me
trouvent ici! J'aime mieux ma vie finie par leur
haine, que ma mort protégée sans ton amour.

JULIETTE.

Quel guide as-tu donc eu pour arriver jusqu'ici?

ROMÉO.

L'amour, qui le premier m'a suggéré d'y venir : il
m'a prêté son esprit et je lui ai prêté mes yeux. Je ne
suis pas un pilote; mais, quand tu serais à la même
distance que la vaste plage baignée par la mer la plus
lointaine, je risquerais la traversée pour une denrée
pareille.

JULIETTE.

Tu sais que le masque de la nuit est sur mon visage : sans cela, tu verrais une virginale couleur colorer ma joue, quand je songe aux paroles que tu m'as entendue dire cette nuit. — Ah ! je voudrais rester dans les convenances ; je voudrais, je voudrais nier ce que j'ai dit... Mais, adieu les cérémonies ! — M'aimes-tu ? Je sais que tu vas dire *oui*, et je te croirai sur parole. Ne le jure pas : tu pourrais trahir ton serment : les parjures des amoureux font, dit-on, rire Jupiter... Oh ! gentil Roméo, si tu m'aimes, proclame-le loyalement : et si tu crois que je me laisse trop vite gagner, je froncerai le sourcil, et je serai cruelle, et je te dirai non, pour que tu me fasses la cour : autrement, rien au monde ne m'y déciderait. — En vérité, beau Montague, je suis trop éprise, et aussi tu pourrais croire ma conduite légère : mais crois-moi, gentilhomme, je me montrerai plus fidèle que celles qui savent mieux affecter la réserve. J'aurais été plus réservée, il faut que je l'avoue, si tu n'avais pas surpris, à mon insu, l'aveu passionné de mon amour : pardonne-moi donc et n'impute pas à une légèreté d'amour cette faiblesse que la nuit noire t'a permis de découvrir.

ROMÉO.

Madame, je jure par cette lune sacrée qui argente toutes ces cimes chargées de fruits !...

JULIETTE.

Oh! ne jure pas par la lune, l'inconstante lune
dont le disque change chaque mois, de peur que ton
amour ne devienne aussi variable!

ROMÉO.

Par quoi dois-je jurer?

JULIETTE.

Ne jure pas du tout; ou, si tu le veux, jure par
ton gracieux être, qui est le dieu de mon idolâtrie,
et je te croirai.

ROMÉO.

Si l'amour profond de mon cœur...

JULIETTE.

Ah! ne jure pas! Quoique tu fasses ma joie, je ne
puis goûter cette nuit toutes les joies de notre rap-
prochement; il est trop brusque, trop imprévu, trop
subit, trop semblable à l'éclair qui a cessé d'être
avant qu'on ait pu dire : il brille!... Doux ami,
bonne nuit! Ce bouton d'amour, mûri par l'haleine
de l'été, pourra devenir une belle fleur à notre prochaine entrevue... Bonne nuit, bonne nuit! Puisse le
repos, puisse le calme délicieux qui est dans mon
sein, arriver à ton cœur!

ROMÉO.

Oh! vas-tu donc me laisser si peu satisfait?

JULIETTE.

Quelle satisfaction peux-tu obtenir cette nuit?

ROMÉO.

Le solennel échange de ton amour contre le mien.

JULIETTE.

Mon amour! je te l'ai donné avant que tu l'aies demandé. Et pourtant je voudrais qu'il fût encore à donner.

ROMÉO.

Voudrais-tu me le retirer? Et pour quelle raison, mon amour?

JULIETTE.

Rien que pour être généreuse et te le donner encore. Mais je désire un bonheur que j'ai déjà ; ma libéralité est aussi illimitée que la mer, et mon amour aussi profond : plus je te donne, plus il me reste, car l'une et l'autre sont infinis. (On entend la voix de la nourrice.) J'entends du bruit dans la maison... Cher amour, adieu! — J'y vais, bonne nourrice! — Doux Montague, sois fidèle. Attends un moment, je vais revenir. (Elle se retire de la fenêtre.)

ROMÉO.

O céleste, céleste nuit! J'ai peur, comme il fait nuit, que tout ceci ne soit qu'un rêve, trop délicieusement flatteur pour être réel. (Juliette revient.)

JULIETTE.

Trois mots encore, cher Roméo, et bonne nuit, cette fois! Si l'intention de ton amour est honorable, si ton but est le mariage, fais-moi savoir demain, par la personne que je ferai parvenir jusqu'à toi, en quel lieu et à quel moment tu veux accomplir la cérémonie, et alors je déposerai à tes pieds toutes mes destinées, et je te suivrai, mon seigneur, jusqu'au bout du monde!

LA NOURRICE, derrière le théâtre.

Madame!

JULIETTE.

J'y vais! tout à l'heure! — Mais si ton arrière-pensée n'est pas bonne, je te conjure...

LA NOURRICE, derrière le théâtre.

Madame!

JULIETTE.

A l'instant! j'y vais!... — de cesser tes instances et de me laisser à ma douleur... J'enverrai demain.

ROMÉO.

Par le salut de mon âme...

JULIETTE.

Mille fois bonne nuit! (Elle quitte la fenêtre.)

ROMÉO.

La nuit ne peut qu'empirer mille fois, dès que ta
lumière lui manque... (Se retirant à pas lents.) L'amour
court vers l'amour comme l'écolier hors de la classe:
mais il s'en éloigne avec l'air accablé de l'enfant qui
rentre à l'école. (Juliette reparaît à la fenêtre.)

JULIETTE.

Stt! Roméo! stt!... Oh! que n'ai-je la voix du
fauconnier pour réclamer mon noble tiercelet! Mais
la captivité est enrouée et ne peut parler haut: sans
quoi j'ébranlerais la caverne où Écho dort, et sa voix
aérienne serait bientôt plus enrouée que la mienne,
tant je lui ferais répéter le nom de Roméo!

ROMÉO, revenant sur ses pas.

C'est mon âme qui me rappelle par mon nom!
Quels sons argentins a dans la nuit la voix de la bien-
aimée! Quelle suave musique pour l'oreille attentive!

JULIETTE.

Roméo!

ROMÉO.

Ma...

LA NOURRICE, derrière le théâtre.

Madame!

JULIETTE.

A quelle heure, demain, enverrai-je vers toi?

ROMÉO.

A neuf heures.

JULIETTE.

Je n'y manquerai pas : il y a vingt ans d'ici là. J'ai
oublié pourquoi je t'ai rappelé.

ROMÉO.

Laisse-moi rester ici jusqu'à ce que tu t'en souviennes.

JULIETTE.

Je l'oublierai, pour que tu restes là toujours, me
rappelant seulement combien j'aime ta compagnie.

ROMÉO.

Et je resterai là pour que tu l'oublies toujours,
oubliant moi-même que ma demeure est ailleurs.

JULIETTE.

Il est presque jour. Je voudrais que tu fusses

parti, mais sans t'éloigner plus que l'oiseau familier
d'une joueuse enfant : elle le laisse voleter un peu
hors de sa main, pauvre prisonnier embarrassé de
liens, et vite elle le ramène en tirant le fil de soie,
tant elle est tendrement jalouse de sa liberté !

ROMÉO.

Je voudrais être ton oiseau !

JULIETTE.

Ami, je le voudrais aussi; mais je te tuerais à
force de caresses. Bonne nuit! bonne nuit! Si douce
est la tristesse de nos adieux que je te dirais : bonne
nuit! jusqu'à ce qu'il soit jour. (Elle se retire.)

ROMÉO, seul.

Que le sommeil se fixe sur tes yeux et la paix dans
ton cœur! Je voudrais être le sommeil et la paix,
pour reposer si délicieusement! Je vais de ce pas à la
cellule de mon père spirituel, pour implorer son aide
et lui conter mon bonheur. (Il sort.)

SCÈNE VIII.

[La cellule de frère Laurence.]

Entre FRÈRE LAURENCE, portant un panier.

LAURENCE.

L'aube aux yeux gris couvre de son sourire la nuit

grimaçante, et diapre de lignes lumineuses les nuées
d'Orient; l'ombre couperosée, chancelant comme un
ivrogne, s'éloigne de la route du jour devant les
roues du Titan radieux. Avant que le soleil, de son
regard de flamme, ait ranimé le jour et séché la
moite rosée de la nuit, il faut que je remplisse cette
cage d'osier de plantes pernicieuses et de fleurs au
suc précieux. La terre, qui est la mère des créatures, est aussi leur tombe; leur sépulcre est sa ma-
trice même. Les enfants de toute espèce sortis de
son flanc, nous les trouvons suçant sa mamelle iné-
puisable; la plupart sont doués de nombreuses vertus: pas un qui n'ait son mérite, et pourtant tous
diffèrent! Oh! combien efficace est la grâce qui
réside dans les herbes, dans les plantes, dans les
pierres et dans leurs qualités intimes! il n'est rien
sur la terre de si humble qui ne rende à la terre un
service spécial; il n'est rien non plus de si bon qui,
détourné de son légitime usage, ne devienne rebelle
à son origine et ne tombe dans l'abus. La vertu même
devient vice, étant mal appliquée, et le vice est parfois ennobli par l'action. (Entre Roméo.)

LAURENCE, prenant une fleur dans le panier.

Le calice enfant de cette faible fleur recèle un poison et un cordial puissants : respirez-la, elle sti-
mule et l'odorat et toutes les facultés; goûtez-la,
elle frappe de mort et le cœur et tous les sens. Deux

reines ennemies sont sans cesse en lutte dans l'homme comme dans la plante, la grâce et la rude volonté ; et là où la pire prédomine, le ver de la mort a bien vite dévoré la créature.

ROMÉO.

Bonjour, père.

LAURENCE.

Benedicite ! Quelle voix matinale me salue si doucement ? — Jeune fils, c'est signe de quelque désordre d'esprit, quand on dit adieu sitôt à son lit. Le souci fait le guet dans les yeux du vieillard, et le sommeil n'entre jamais où loge le souci. Mais là où la jeunesse ingambe repose, le cerveau dégagé, là règne le sommeil d'or. Je conclus donc de ta visite matinale que quelque grave perturbation t'a mis sur pied. Si cela n'est pas, je devine que notre Roméo ne s'est pas couché cette nuit.

ROMÉO.

Cette dernière conjecture est la vraie ; mais mon repos n'en a été que plus doux.

LAURENCE.

Dieu pardonne au pécheur ! Étais-tu donc avec Rosaline ?

ROMÉO.

Avec Rosaline! Oh! non, mon père spirituel : j'ai
oublié ce nom, et tous les maux attachés à ce nom.

LAURENCE.

Voilà un bon fils... Mais où as-tu été alors ?

ROMÉO.

Je vais te le dire et t'épargner de nouvelles questions. Je me suis trouvé à la même fête que mon ennemie : tout à coup cette ennemie m'a blessé, et je
l'ai blessée à mon tour : notre guérison à tous deux
dépend de tes secours et de ton ministère sacré. Tu
le vois, saint homme, je n'ai pas de haine; car j'in-
tercède pour mon adversaire comme pour moi.

LAURENCE.

Parle clairement, mon cher fils, et explique-toi
sans détour : une confession équivoque n'obtient
qu'une absolution équivoque.

ROMÉO.

Apprends-le donc tout net, j'aime d'un amour
profond la fille charmante du riche Capulet. Elle a
fixé mon cœur comme j'ai fixé le sien; pour que notre
union soit complète, il ne nous manque que d'être
unis par toi dans le saint mariage. Quand, où et

comment nous nous sommes vus, aimés et fiancés, je
te le dirai chemin faisant; mais, avant tout, je t'en
prie, consens à nous marier aujourd'hui même.

LAURENCE.

Par saint François! quel changement! Cette Rosaline que tu aimais tant, est-elle donc si vite délais-
sée? Ah! l'amour des jeunes gens n'est pas vraiment
dans le cœur, il n'est que dans les yeux. *Jesu Maria!*
que de larmes pour Rosaline ont inondé tes joues
blêmes! Que d'eau salée prodiguée en pure perte
pour assaisonner un amour qui n'en garde pas même
l'arrière-goût! Le soleil n'a pas encore dissipé tes
soupirs dans le ciel : tes gémissements passés tintent
encore à mes vieilles oreilles. Tiens, il y a encore là,
sur ta joue, la trace d'une ancienne larme, non
essuyée encore! Si alors tu étais bien toi-même, si
ces douleurs étaient bien les tiennes, toi et tes douleurs vous étiez tout à Rosaline; et te voilà déjà
changé! Prononce donc avec moi cette sentence : Les
femmes peuvent faillir, quand les hommes ont si peu
de force.

ROMÉO.

Tu m'as souvent reproché mon amour pour Rosaline.

LAURENCE.

Ton amour? Non, mon enfant, mais ton idolâtrie.

ROMÉO.

Et tu m'as dit d'ensevelir cet amour.

LAURENCE.

Je ne t'ai pas dit d'enterrer un amour pour en
exhumer un autre.

ROMÉO.

Je t'en prie, ne me gronde pas : celle que j'aime à
présent me rend faveur pour faveur, et amour pour
amour ; l'autre n'agissait pas ainsi.

LAURENCE.

Oh ! elle voyait bien que ton amour déclamait sa
leçon avant même de savoir épeler. Mais viens, jeune
volage, viens à moi ; une raison me décide à t'assister : cette union peut, par un heureux effet, changer
en pure affection la rancune de vos familles.

ROMÉO.

Oh ! partons : il y a urgence à nous hâter.

Benvolio et Mercutio reparaissent le soir du même
jour appelant Roméo pour le railler. La nourrice les
rencontre ; ils badinent avec elle dans un style qu'aucune obscénité ne peut égaler. — Elle demande à
Roméo un entretien secret. Roméo lui dit de con-

seiller à sa jeune maîtresse d'aller à confesse le soir,
au confessionnal du père Laurence !

« Et toi, bonne nourrice, tu attendras derrière
le mur du monastère. Là, avant une heure, mon
page ira te trouver et t'apportera une échelle de
cordes. Ce sont les haubans par lesquels je dois,
dans la nuit, monter au hunier de mon bonheur. »

VI.

La nourrice, édifiée sur la bonne intention de
Roméo, s'éloigne pour remplir sa commission. Juliette, impatiente de le revoir, s'entretient seule
avec elle-même.

« L'horloge frappait neuf heures, quand j'ai envoyé la nourrice ; elle m'avait promis d'être de retour
en une demi-heure... Peut-être n'a-t-elle pas pu le
trouver !... Mais non... Oh ! elle est boiteuse ! Les
messagers d'amour devraient être des pensées plus
promptes dix fois que les rayons du soleil qui dis-
sipent l'ombre au-dessus des collines nébuleuses.
Aussi l'amour est-il traîné par d'agiles colombes ;
aussi Cupidon a-t-il des ailes rapides comme le vent.
Maintenant le soleil a atteint le sommet suprême de

sa course d'aujourd'hui ; de neuf heures à midi il y a
trois longues heures, et elle n'est pas encore venue !
Si elle avait les affections et le sang brûlant de la
jeunesse, elle aurait le leste mouvement d'une balle ;
d'un mot je la lancerais à mon bien-aimé qui me la
renverrait d'un mot. Mais ces vieilles gens, on les
prendrait souvent pour des morts, à voir leur inertie,
leur lenteur, leur lourdeur et leur pâleur de plomb. »

La nourrice excite par des délais comiques qui
tiennent plus de la farce que de la tragédie l'impa-
tience de Juliette, puis elle lui rend son message.

« Allez à confesse dans la cellule du père Laurence,
un mari vous y attend pour faire de vous sa femme.
Ah bien ! voilà ce fripon de sang qui vous vient aux
joues : bientôt elles deviendront écarlates à la moindre nouvelle. Courez à l'église ; moi, je vais d'un
autre côté chercher l'échelle par laquelle votre bien-
aimé doit grimper jusqu'au nid de l'oiseau, dès qu'il
fera nuit noire. C'est moi qui suis la bête de somme,
et je m'épuise pour votre plaisir ; mais, pas plus tard
que ce soir, ce sera vous qui porterez le fardeau.
Allons, je vais dîner ; courez vite à la cellule... »

Le père, averti par Roméo, attend Juliette au confessionnal ; il entraîne Roméo et son amante et les
unit secrètement.

Pendant que l'union mystérieuse s'accomplit devant l'Église et que Roméo prépare son ascension nocturne à la fenêtre de sa jeune épouse, une nouvelle rixe éclate dans les rues de Vérone entre les Capulet et les Montague. Tybalt insulte Roméo qui supporte patiemment l'outrage en pensant à Juliette, parente de Tybalt; mais le fougeux Tybalt tue Mercutio, l'ami de Roméo. A ce spectacle, Roméo, attaqué de nouveau par le meurtrier, se met en garde et tue involontairement Tybalt. Le prince de la Scala accourt et s'informe. — Benvolio lui raconte, non le meurtre, mais l'accident par lequel l'épée de Roméo a tué Tybalt. Le prince, sans en entendre davantage, condamne Roméo à l'exil perpétuel.

Juliette, dans sa chambre nuptiale, attend, ignorant ces événements, l'heure où Roméo viendra monter par l'échelle de cordes au balcon. L'amour et l'enthousiasme élèvent ses pensées jusqu'au lyrisme le plus exalté, et ses expressions, empruntées à la mythologie, langue sacrée de l'Italie à cette époque, sortent tout à fait du naturel.

JULIETTE.

Retournez au galop, vous, coursiers aux pieds de flamme, vers le logis de Phébus: déjà un cocher comme Phaéton vous aurait lancés dans l'ouest et aurait ramené la nuit nébuleuse... Étends ton épais rideau, nuit vouée à l'amour, que les yeux de la rumeur se ferment et que Roméo bondisse dans mes

bras, ignoré, inaperçu! Pour accomplir leurs amoureux devoirs, les amants y voient assez à la seule
lueur de leur beauté; et, si l'amour est aveugle, il
s'accorde d'autant mieux avec la nuit... Viens, nuit
solennelle, matrone au sobre vêtement noir, ap-
prends-moi à perdre, en la gagnant, cette partie qui
aura pour enjeux deux virginités sans tache; cache
le sang pudique qui se débat dans mes joues, avec
ton noir chaperon, jusqu'à ce que le timide amour,
devenu plus hardi, ne voie plus que chasteté dans
l'acte de l'amour! A moi, nuit! Viens, Roméo, viens:
tu feras le jour de la nuit, quand tu arriveras sur les
ailes de la nuit, plus éclatant que la neige nouvelle
sur le dos du corbeau. Viens, gentille nuit; viens,
chère nuit au front noir, donne-moi mon Roméo, et,
quand il sera mort, prends-le et coupe-le en petites
étoiles, et il rendra la face du ciel si splendide que
tout l'univers sera amoureux de la nuit et refusera
son culte à l'aveuglant soleil... Oh! j'ai acheté un
domaine d'amour, mais je n'en ai pas pris possession, et celui qui m'a acquise n'a pas encore joui de
moi. Fastidieuse journée!...

La nourrice interrompt ce dithyrambe à l'amour en
annonçant à Juliette que Roméo vient de tuer son
parent Tybalt.

Le poëte met ici dans la bouche de Juliette toutes
les exclamations amphigouriques que les poëtes italiens du temps prêtaient à leurs personnages sous le

nom de *concetti*; ils faisaient de l'esprit au lieu de faire du sentiment, par des contrastes de mots que le public, aussi corrompu qu'eux-mêmes, avait la simplicité d'admirer!

« Gracieux tyran! démon angélique! corbeau aux plumes de colombe! agneau ravisseur de loups! méprisable substance d'une forme divine! Juste l'opposé de ce que tu sembles être justement, saint damné, noble misérable! O nature, à quoi réservais-tu l'enfer, quand tu reléguas l'esprit d'un démon dans le paradis mortel d'un corps si exquis? Jamais livre contenant aussi vile rapsodie fut-il si bien relié! Oh! que la perfidie habite un si magnifique palais! »

La douleur vraie la rappelle cependant au sens commun quand elle apprend le bannissement de son amant :

« Roméo est banni! Prononcer seulement ces mots, c'est faire mourir à la fois père, mère, Roméo et Juliette! Roméo est banni! Il n'y a ni fin ni limites, ni mesure ni bornes! il n'y a pas de cri pour exprimer cette douleur-là! Ramasse ces cordes, ô nourrice! Je vais au lit nuptial, et au lieu de Roméo c'est le sépulcre qui sera mon époux! »

(Il n'est pas nécessaire de dire encore ici que ce n'est pas dans ces termes que Juliette s'exprime. Le

corps de garde rougirait des images et des paroles
employées par la vierge de Vérone à quatorze ans.)

« Oh ! trouve Roméo, » dit-elle à la nourrice,
« remets cet anneau à mon fidèle chevalier, et dis-
lui de venir me faire ses adieux ! »

La nourrice court à la cellule du père Laurence,
y cherche Roméo, lui apprend l'arrêt de bannissement
du prince.

Le moine le raisonne; il se roule désespéré à
terre. La nourrice lui donne l'anneau de mariage et
un rendez-vous. Un dialogue effréné d'un côté,
sensé de l'autre, s'établit entre le moine, la nourrice
et lui ; la passion déborde et passe du désespoir à
l'ivresse. Lisez :

ROMÉO.

Ah ! le bannissement ! Par pitié, dis la mort ! L'exil
a l'aspect plus terrible, bien plus terrible que la
mort. Ne dis pas le bannissement !

LAURENCE.

Tu es désormais banni de Vérone. Prends courage ; le monde est grand et vaste.

ROMÉO.

Hors des murs de Vérone, le monde n'existe pas ;

il n'y a que purgatoire, torture, enfer même. Être
banni d'ici, c'est être banni du monde, et cet exil-là,
c'est la mort. Donc le bannissement, c'est la mort
sous un faux nom. En appelant la mort bannissement, tu me tranches la tête avec une hache d'or,
et tu souris au coup qui me tue!

LAURENCE.

O péché mortel! O grossière ingratitude! Selon
notre loi, ta faute, c'était la mort; mais le bon prince,
prenant ton parti, a tordu la loi, et à ce mot sombre,
la mort, a substitué le bannissement. C'est une grâce
insigne, et tu ne le vois pas.

ROMÉO.

C'est une torture, et non une grâce! Le ciel est là
où vit Juliette : un chat, un chien, une petite souris,
l'être le plus immonde, vivent dans le paradis et peuvent la contempler, mais Roméo ne le peut pas. La
mouche du charnier est plus privilégiée, plus com-
blée d'honneur, plus favorisée que Roméo; elle peut
saisir les blanches merveilles de la chère main de
Juliette, et dérober une immortelle béatitude sur
ces lèvres qui, dans leur pure et vestale modestie,
rougissent sans cesse, comme d'un péché, du baiser
qu'elles se donnent! Mais Roméo ne le peut pas, il
est exilé. Ce bonheur que la mouche peut avoir, je
dois le fuir, moi; elle est libre, mais je suis banni.

— Et tu dis que l'exil n'est pas la mort ! — Tu n'avais donc pas un poison subtil, un couteau bien affilé, un instrument quelconque de mort subite, tu n'avais donc, pour me tuer, que ce mot : Banni !... banni ! Ce mot-là, mon père, les damnés de l'enfer l'emploient et le prononcent dans des hurlements ! Comment as-tu le cœur, toi, prêtre, toi, confesseur spirituel, toi qui remets les péchés et t'avoues mon ami, de me broyer avec ce mot : *bannissement ?*

LAURENCE.

Fou d'amour, laisse-moi te dire une parole.

ROMÉO.

Oh ! tu vas encore me parler de bannissement.

LAURENCE.

Je vais te donner une armure à l'épreuve de ce mot. La philosophie, ce doux lait de l'adversité, te soutiendra dans ton bannissement.

ROMÉO.

Encore le bannissement !... Au gibet la philosophie ! Si la philosophie ne peut pas faire une Juliette, déplacer une ville, renverser l'arrêt d'un prince, elle ne sert à rien, elle n'est bonne à rien, ne m'en parle plus !

LAURENCE.

Oh ! je le vois bien, les fous n'ont pas d'oreilles !

ROMÉO.

Comment en auraient-ils, quand les sages n'ont
pas d'yeux?

LAURENCE.

Laisse-moi discuter avec toi sur ta situation.

ROMÉO.

Tu ne peux pas parler de ce que tu ne sens pas.
Si tu étais jeune comme moi et que Juliette fût ta
bien-aimée, si, marié depuis une heure, tu avais tué
Tybalt, si tu étais éperdu comme moi et comme moi
banni, alors tu pourrais parler, alors tu pourrais
t'arracher les cheveux, et te jeter contre terre, comme
je fais en ce moment, pour y prendre d'avance la
mesure d'une tombe! (Il s'affaisse à terre. On frappe à la
porte.)

LAURENCE.

Lève-toi, on frappe... Bon Roméo, cache-toi.

ROMÉO.

Je ne me cacherai pas, à moins que mes douloureux soupirs ne fassent autour de moi un nuage qui
me dérobe aux regards! (On frappe encore.)

LAURENCE.

Entends-tu comme on frappe?... Qui est là?... Roméo, lève-toi, tu vas être pris... Attendez un moment... Debout! Cours à mon laboratoire!... (On frappe.)

Tout à l'heure!... Mon Dieu! — quelle démence!... (On frappe.)

J'y vais, j'y vais! (Allant à la porte.)

Qui donc frappe si fort? D'où venez-vous? que voulez-vous?

LA NOURRICE, du dehors.

Laissez-moi entrer et vous connaîtrez mon message. Je viens de la part de madame Juliette.

LAURENCE, ouvrant.

Soyez la bienvenue, alors. (Entre la nourrice.)

LA NOURRICE.

O saint moine, oh! dites-moi, saint moine, où est le seigneur de madame, où est Roméo?

LAURENCE.

Là, par terre, ivre de ses propres larmes.

LA NOURRICE.

Oh! dans le même état que ma maîtresse, juste dans le même état.

LAURENCE.

O triste sympathie! lamentable situation!

LA NOURRICE.

C'est ainsi qu'elle est affaissée, sanglotant et pleurant, pleurant et sanglotant!... *(Se penchant sur Roméo.)* Debout, debout! Levez-vous, si vous êtes un homme. Au nom de Juliette, levez-vous, debout! Pourquoi tomber dans un si profond désespoir?

ROMÉO, *se redressant comme en sursaut.*

La nourrice!

LA NOURRICE.

Ah! monsieur! ah! monsieur!...Voyons, la mort est au bout de tout.

ROMÉO.

Tu as parlé de Juliette! en quel état est-elle? Est-ce qu'elle ne me regarde pas comme un assassin endurci. maintenant que j'ai souillé l'enfance de notre bonheur d'un sang si proche du sien? Où est-elle? et comment est-elle? Que dit ma mystérieuse compagne de notre amoureuse misère?

LA NOURRICE.

Oh! elle ne dit rien, monsieur; mais elle pleure;

et alors elle se jette sur son lit, et puis elle se re-
dresse et appelle Tybalt; et puis elle crie : Roméo!
et puis elle retombe.

ROMÉO.

Il semble que ce nom, lancé par quelque fusil
meurtrier, l'assassine, comme la main maudite qui
répond à ce nom a assassiné son cousin!... Oh! dis-
moi, prêtre, dis-moi dans quelle vile partie de ce
squelette est logé mon nom: dis-le-moi, pour que
je mette à sac ce hideux repaire! *(Il tire son poignard
comme pour s'en frapper, la nourrice le lui arrache.)*

LAURENCE.

Retiens ta main désespérée! Es-tu un homme? ta
forme crie que tu en es un; mais tes larmes sont
d'une femme, et ta sauvage action dénonce la furie
déraisonnable d'une bête brute. O femme disgra-
cieuse qu'on croirait un homme, bête monstrueuse
qu'on croirait homme et femme, tu m'as étonné!...
Par notre saint ordre, je croyais ton caractère mieux
trempé. Tu as tué Tybalt et tu veux te tuer! tu veux
tuer la femme qui ne respire que par toi, en assou-
vissant sur toi-même une haine damnée! Pourquoi
insultes-tu à la vie, au ciel et à la terre? La vie, le
ciel et la terre se sont tous trois réunis pour ton
existence; et tu veux renoncer à tous trois! Fi! fi!
tu fais honte à ta beauté, à ton amour, à ton esprit.

Usurier, tu regorges de tous les biens, et tu ne les
emploies pas à ce légitime usage qui ferait honneur
à ta beauté, à ton amour, à ton esprit. Ta noble
beauté n'est qu'une image de cire, dépourvue d'é-
nergie virile : ton amour, ce tendre engagement,
n'est qu'un misérable parjure, qui tue celle que tu
avais fait vœu de chérir; ton esprit, cet ornement de
la beauté et de l'amour, n'en est chez toi que le guide
égaré : comme la poudre dans la calebasse d'un
soldat maladroit, il prend feu par ta propre ignorance et te mutile au lieu de te défendre. Allons,
relève-toi, homme! Elle vit, ta Juliette, cette chère
Juliette pour qui tu mourais tout à l'heure : n'es-tu
pas heureux? Tybalt voulait t'égorger, mais tu as
tué Tybalt : n'es-tu pas heureux encore? La loi qui
te menaçait de la mort devient ton amie et change
la sentence en exil : n'es-tu pas heureux toujours?
Les bénédictions pleuvent sur ta tête : la fortune te
courtise sous ses plus beaux atours; mais toi, maus-
sade comme une fille mal élevée, tu fais la moue au
bonheur et à l'amour. Prends garde, prends garde!
c'est ainsi qu'on meurt misérable. Allons, rends-toi
près de ta bien aimée, comme il a été convenu :
monte dans sa chambre et va la consoler; mais surtout quitte-la avant la fin de la nuit, car alors tu ne
pourrais plus gagner Mantoue; et c'est là que tu dois
vivre jusqu'à ce que nous trouvions le moment favorable pour proclamer ton mariage, réconcilier vos
familles, obtenir le pardon du prince et te rappeler

ici. Tu reviendras alors plus heureux un million de
fois que tu n'auras été désolé au départ... Va en
avant, nourrice, recommande-moi à ta maîtresse, et
dis-lui de faire coucher son monde de bonne heure;
le chagrin dont tous sont accablés les disposera vite
au repos. Roméo te suit.

LA NOURRICE.

Vrai Dieu! je pourrais rester ici toute la nuit à
écouter vos bons conseils. Oh! ce que c'est que la
science! (A Roméo.)

Mon seigneur, je vais annoncer à madame que
vous allez venir.

ROMÉO.

Va, et dis à ma bien-aimée de s'apprêter à me
gronder.

LA NOURRICE, lui remettant une bague.

Voici, monsieur, un anneau qu'elle m'a dit de
vous donner. Monsieur, accourez vite, dépêchez-vous,
car il se fait tard. (La nourrice sort.)

ROMÉO, mettant la bague.

Comme ceci ranime mon courage!

LAURENCE.

Partez. Bonne nuit. Mais faites-y attention, tout

votre sort en dépend, quittez Vérone avant la fin de
la nuit, ou éloignez-vous à la pointe du jour sous un
déguisement. Restez à Mantoue; votre valet, que je
saurai trouver, vous instruira de temps à autre des
incidents heureux pour vous qui surviendront ici...
Donne-moi ta main; il est tard : adieu; bonne nuit.

ROMÉO.

Si une joie au-dessus de toute joie ne m'appelait
ailleurs, j'aurais un vif chagrin à me séparer de toi
si vite. Adieu. (Ils sortent.)

VII

Ici, la scène immortalise toute la poésie de la nuit
dans le délire de la passion. Shakspeare n'eût-il écrit
que cette scène, il serait encore Shakspeare ! — le
combat entre la mort et la vie.

Le théâtre représente la chambre à coucher de
Juliette, à l'aube indécise du matin. Roméo se dispose à partir. Juliette le retient :

JULIETTE.

Quoi! veux-tu donc partir, le jour n'est pas proche
encore! c'était le rossignol et non l'alouette dont la

voix perçait ton oreille craintive. Toutes les nuits, il chante sur le grenadier, là-bas. Crois-moi, amour, c'était le rossignol.

ROMÉO.

C'était l'alouette, la messagère du matin, et non le rossignol. Regarde, amour, ces lueurs jalouses qui dentellent le bord des nuages à l'orient! Les flambeaux de la nuit sont éteints, et le jour joyeux se dresse sur la pointe du pied au sommet brumeux de la montagne. Je dois partir et vivre, ou rester et mourir.

JULIETTE.

Cette clarté là-bas n'est pas la clarté du jour, je le sais bien, moi; c'est quelque météore que le soleil exhale pour te servir de torche cette nuit et éclairer ta marche vers Mantoue. Reste donc, tu n'as pas besoin de partir encore.

ROMÉO.

Soit! qu'on me prenne, qu'on me mette à mort; je suis content, si tu le veux ainsi. Non, cette lueur grise n'est pas le regard du matin, elle n'est que le pâle reflet du front de Cynthia; et ce n'est pas l'alouette qui frappe de notes si hautes la voûte du ciel au-dessus de nos têtes. J'ai plus le désir de rester que la volonté de partir. Vienne la mort, et elle sera bienvenue!... Ainsi le veut Juliette... —

Comment êtes-vous, mon âme? Causons, il n'est pas jour.

JULIETTE.

C'est le jour, c'est le jour! Fuis vite, va-t'en, pars : c'est l'alouette qui détonne ainsi, et qui lance ces notes rauques, ces strettes déplaisantes. On dit que l'alouette prolonge si doucement les accords: cela n'est pas, car elle rompt le nôtre. On dit que l'alouette et le hideux crapaud ont changé d'yeux : oh! que n'ont-ils aussi changé de voix, puisque cette voix nous arrache effarés l'un à l'autre et te chasse d'ici par son hourvari matinal! — Oh! maintenant pars. Le jour est de plus en plus clair.

ROMÉO.

De plus en plus clair!... de plus en plus sombre est notre malheur. (Entre la nourrice.)

LA NOURRICE.

Madame!

JULIETTE.

Nourrice?

LA NOURRICE.

Madame votre mère va venir dans votre chambre. Le jour paraît: soyez prudente, faites attention. (La nourrice sort.)

JULIETTE.

Allons, fenêtre, laissez entrer le jour et sortir ma vie.

ROMÉO.

Adieu, adieu ! un baiser et je descends. (Ils s'embrassent. Roméo descend.)

JULIETTE, se penchant sur le balcon.

Te voilà donc parti ? amour, seigneur, époux, ami ! Il me faudra de tes nouvelles à chaque heure du jour, car il y a tant de jours dans une minute ! Oh ! à ce compte-là, je serai bien vieille quand je reverrai mon Roméo.

ROMÉO.

Adieu ! je ne perdrai pas une occasion, mon amour, de t'envoyer un souvenir.

JULIETTE.

Oh ! crois-tu que nous nous rejoindrons jamais ?

ROMÉO.

Je n'en doute pas ; et toutes ces douleurs feront le doux entretien de nos moments à venir.

JULIETTE.

O Dieu ! j'ai dans l'âme un présage fatal. Mainte-

nant que tu es en bas, tu m'apparais comme un mort
au fond d'une tombe. Ou mes yeux me trompent, ou
tu es bien pâle.

ROMÉO.

Crois-moi, amour, tu me sembles bien pâle aussi.
L'angoisse aride boit notre sang. Adieu! adieu!
(Roméo sort.)

JULIETTE.

O fortune! fortune! tout le monde te dit capricieuse! Si tu es capricieuse, qu'as-tu à faire avec
un homme d'aussi illustre constance? Fortune, sois
capricieuse, car alors tu ne le retiendras pas longtemps, j'espère, et tu me le renverras.

LADY CAPULET, du dehors.

Holà! ma fille! êtes-vous levée?

JULIETTE.

Qui m'appelle? est-ce madame ma mère? Se serait-
elle couchée si tard ou levée si tôt? Quel étrange
motif l'amène?

VIII

Son père et sa mère entrent et lui font part de
leur résolution de la marier, le jeudi suivant, à

Pâris. Elle résiste ; ils insistent, l'injurient, la menacent. La nourrice, avec les sentiments bas et versatiles de sa condition, change de parti et lui conseille de préférer le beau et noble Pâris à l'époux éternellement absent qu'elle a servi tout à l'heure.

Juliette indignée apostrophe sévèrement sa nourrice et court à la cellule du père Laurence. Elle lui montre le poignard dont elle est décidée à se frapper, s'il ne la soustrait pas à l'union sacrilége avec Pâris que lui impose son père.

« Arrête, ma fille, » lui dit le moine épouvanté de son désespoir, » j'entrevois encore une espérance possible : mais le moyen nécessaire à son accomplissement est aussi désespéré que le mal que nous voulons empêcher. Si, plutôt que d'épouser le comte Pâris, tu as l'énergie de vouloir te tuer, il est probable que tu oseras affronter l'image de la mort pour repousser le déshonneur, toi qui, pour y échapper, veux provoquer la mort elle-même. Eh bien, si tu as ce courage, je te donnerai un remède. »

JULIETTE.

Oh! plutôt que d'épouser Pâris, dis-moi de m'élancer des créneaux de cette tour là-bas, ou d'errer sur le chemin des bandits ; dis-moi de me glisser où rampent des serpents ; enchaîne-moi avec des ours rugissants ; enferme-moi, la nuit, dans un charnier,

sous un monceau d'os de morts qui s'entre-choquent,
de moignons fétides et de crânes jaunes et déchar-
nés ; dis-moi d'aller dans une fosse fraîche remuée,
m'enfouir sous le linceul avec un mort : ordonne-moi
des choses dont le seul récit me faisait trembler,
et je les ferai sans crainte, sans hésitation, pour
rester l'épouse sans tache de mon doux bien-aimé!

LAURENCE.

Écoute alors : rentre à la maison, aie l'air gai et
dis que tu consens à épouser Pâris. C'est demain
mercredi. Demain soir, fais en sorte de coucher
seule ; que ta nourrice ne couche pas dans ta chambre ; une fois au lit, prends cette fiole et avale la
liqueur qui y est distillée. Aussitôt dans toutes tes
veines se répandra une froide et léthargique humeur :
le pouls suspendra son mouvement naturel et ces-
sera de battre ; ni chaleur, ni souffle n'attestera que
tu vis. Les roses de tes lèvres et de tes joues seront
flétries et ternes comme la cendre ; les fenêtres de
tes yeux seront closes, comme si la mort les avait
fermées au jour de la vie. Chaque partie de ton être,
privée de souplesse et d'action, sera roide, inflexible
et froide comme la mort. Dans cet état apparent de
cadavre tu resteras juste quarante-deux heures, et
alors tu t'éveilleras comme d'un doux sommeil. Le
matin, quand le fiancé arrivera pour hâter ton lever,
il te trouvera morte dans ton lit. Alors, selon l'usage

de notre pays, vêtue de ta plus belle parure, et placée dans un cercueil découvert, tu seras transportée à l'ancien caveau où repose toute la famille des Capulet. Cependant, avant que tu sois éveillée, Roméo, instruit de notre plan par mes lettres, arrivera; lui et moi nous épierons ton réveil, et cette nuit-là même Roméo t'emmènera à Mantoue. Et ainsi tu seras sauvée d'un déshonneur imminent, si nul caprice futile, nulle frayeur féminine n'abat ton courage au moment de l'exécution.

JULIETTE.

Donne! oh! donne! ne me parle pas de frayeur.

LAURENCE, lui remettant la fiole.

Tiens, pars! Sois forte et sois heureuse dans ta résolution. Je vais dépêcher un religieux à Mantoue, avec un messager pour ton mari.

JULIETTE.

Amour, donne-moi ta force, et cette force me sauvera. Adieu, mon père! (Ils se séparent.)

L'intrépide jeune fille reste à la maison, se couche, prend la fiole... Un soupçon la saisit :

« Et si c'était un poison que le moine m'eût subtilement administré pour me faire mourir, afin de ne

pas être déshonoré par ce mariage, lui qui m'a déjà
mariée à Roméo ! J'ai peur de cela ; mais non, c'est
impossible : il a toujours été reconnu pour un saint
homme... Et si, une fois déposée dans le tombeau,
je m'éveillais avant le moment où Roméo doit venir
me délivrer? Ah! l'effroyable chose! Ne pourrais-je
pas être étouffée dans ce caveau dont la bouche
hideuse n'aspire jamais un air pur, et mourir suffoquée avant que Roméo n'arrive? Ou même, si je vis,
n'est-il pas probable que l'horrible impression de la
mort et de la nuit jointe à la terreur du lieu... — En
effet, ce caveau est l'ancien réceptacle où depuis bien
des siècles sont entassés les os de tous mes ancêtres
ensevelis; où Tybalt sanglant et encore tout frais
dans la terre pourrit sous son linceul: où, dit-on, à
certaines heures de la nuit, les esprits s'assemblent!...
Hélas! hélas! n'est-il pas probable que, réveillée
avant l'heure, au milieu d'exhalaisons infectes et de
gémissements pareils à ces cris de mandragores dé-
racinées que des vivants ne peuvent entendre sans
devenir fous... Oh! si je m'éveille ainsi, est-ce que
je ne perdrai pas la raison, environnée de toutes ces
horreurs? Peut-être alors, insensée, voudrai-je jouer
avec les squelettes de mes ancêtres, et arracher de
son linceul Tybalt mutilé, et, dans ce délire, saisissant l'os de quelque grand parent comme une mas-
sue, en broyer ma cervelle désespérée! Oh! tenez! il
me semble voir le spectre de mon cousin poursui-
vant Roméo qui lui a troué le corps avec la pointe de

son épée... Arrête, Tybalt, arrête! (Elle porte la fiole à
ses lèvres.) Roméo! Roméo! Roméo! voici à boire! je
bois à toi. » (Elle se jette sur son lit, derrière un rideau.)

IX

Le matin se lève. On entre pour la réveiller, on
la trouve morte. — Cris et larmes! Le vieux Capulet lui-même se lamente. La mort est sur elle
comme une gelée précoce sur la douce fleur des
champs !

« Le sépulcre est mon gendre, » dit-il à Pâris,
averti de la perte, « le sépulcre est mon héritier !
le sépulcre a épousé ma fille. Moi, je vais mourir
et tout lui laisser! Quand la vie se retire, tout est
au sépulcre !

« — Rien qu'une pauvre enfant, une pauvre chère
enfant ! rien qu'un seul être pour me consoler, »
sanglote la mère, « et la mort cruelle l'arrache de
mes bras !

« — O jour! ô jour! ô jour affreux ! » crie la nourrice ; « jamais jour ne fut si sombre ! O jour douloureux ! »

Le moine entre.

« Rougissez, » dit-il. « de votre désespoir. Le ciel
et vous, vous vous partagiez cette belle enfant :
maintenant le ciel l'a tout entière ! Votre part à
vous, vous ne pouvez la garder de la mort : mais le
ciel la garde pour l'éternelle vie ! C'était le ciel pour
vous de la voir s'élever, et vous pleurez, maintenant
qu'elle s'élève ! Vivre longtemps mariée, ce n'est pas
être bien mariée. La mieux mariée est celle qui
meurt jeune ! Séchez vos larmes et attachez vos
branches de romarin sur ce beau corps. Puis, selon
la coutume, portez-la dans sa plus belle parure à
l'église, car, bien que la faible nature nous porte à
pleurer, les larmes de la nature font sourire la
raison ! »

Une scène déplacée et d'un scandaleux comique
entre le domestique de la maison et les musiciens, à
la cérémonie funèbre, interrompt cette lamentation
désespérée et cette résignation pieuse. Son objet,
manqué, est évidemment de montrer l'indifférence
des étrangers aux douleurs de la famille des grands.
Mais ici c'est la douleur de la nature tout entière à
l'aspect d'une catastrophe de la vie, de la jeunesse,
de la beauté et de l'amour. Tout le monde doit être
attendri, ou bien il n'y a plus de tragédie, il n'y a
plus de nature humaine sympathique. Aussi cette
scène fait-elle horreur et n'est nullement comique.

C'est une de ces fautes de goût qu'il ne faut pas attribuer à Shakspeare, mais à la populace dépravée dont il était forcé de captiver, par des moyens honteux, la faveur.

Plaignons les grands hommes !

X

Roméo, seul, en montant dans sa chambre, éprouve un heureux pressentiment que les morts heureux donnent aux survivants qui ignorent leur sort comme un avant-goût céleste de leur réunion prochaine ; il se sent léger.

« Mes rêves, » dit-il à son réveil, « m'annoncent l'approche de quelque heureuse nouvelle. »

Entre un messager de Vérone.

« Comment va madame Juliette ? car si ma Juliette est heureuse, il n'existe pas de malheur !

« — Elle est heureuse, » répond le messager, « car son corps repose dans le tombeau des Capulet, et son âme immortelle se réjouit avec les anges !... »

« Est-il vrai ? » s'écrie Roméo en se dressant sur son séant ; « eh bien ! astres du ciel, je vous défie !

De l'encre, du papier, des chevaux de poste, je
pars à l'instant! Pas d'hésitation! »

Le messager obéit et sort. Il sort lui-même pour
aller acheter du poison.

« Oui, Juliette, je dormirai près de toi cette nuit.
Cherchons le moyen... O destruction! comme tu
t'offres vite à la pensée des hommes désespérés! Je
me souviens d'un apothicaire qui demeure aux environs: récemment encore je le remarquais sous sa
guenille, occupé, le sourcil froncé, à cueillir des simples; il avait la mine amaigrie, l'âpre misère l'avait
usé jusqu'aux os. Dans sa pauvre échoppe étaient ac-
crochés une tortue, un alligator empaillé et des peaux
de poissons monstrueux: sur ses planches, une ché-
tive collection de boîtes vides, de pots de terre ver-
dâtres, des vessies et des graines moisies, des restes
de ficelle et de vieux pains de rose étaient épars çà
et là pour faire étalage. Frappé de cette pénurie, je
me dis à moi-même : « Si un homme avait besoin de
« poison, bien que la vente en soit punie de mort à
« Mantoue, voici un pauvre gueux qui lui en ven-
« drait. » Oh! je pressentais alors mon besoin présent; il faut que ce besoigneux m'en vende... Autant
qu'il m'en souvient, ce doit être ici sa demeure;
comme c'est fête aujourd'hui, la boutique du misérable est fermée... Holà! l'apothicaire! »

L'apothicaire cède à la misère et lui vend la mort,
sans craindre la punition des lois.

« Viens, cordial, viens, » s'écrie Roméo en pres-
sant son libérateur dans son sein, cette ciguë des
amants; « viens au tombeau de Juliette; c'est là que
tu dois me délivrer! »

XI

Pendant qu'il se hâte vers Vérone, tout s'explique
dans la cellule du père Laurence. Le moine qu'il
avait adressé à Roméo pour lui faire part du subter-
fuge de la feinte mort de Juliette revient annoncer
que, retenu par un accident, il n'a pu accomplir
son message et qu'il en a chargé un simple cour-
rier.

Cependant, Pâris, accompagné de son page,
vient, dans sa douleur pieuse, répandre en secret
des fleurs virginales sur le tombeau de sa fiancée.
Le moine, de son côté, inquiet du réveil de Juliette
assoupie par le breuvage, y court pour assister à sa
résurrection et pour la recueillir, à défaut de Roméo,
dans sa cellule et l'envoyer le lendemain à son
amant.

Roméo arrive enfin en secret et emprunte une

pioche de son page pour enfoncer le sépulcre et s'y coucher mourant à côté de son amante morte. Pâris, étonné, reconnaît en lui le meurtrier de Tybalt; il l'injurie. Roméo en a pitié; mais il le tue parce que Pâris veut s'opposer à son sacrilége.

« — Oh! je suis tué, » dit Pâris en expirant. « Ouvre-moi le tombeau, et dépose-moi près de Juliette. »

ROMÉO.

Sur ma foi je le ferai. — Examinons cette figure. — Quoi! un parent de mon ami Mercutio? le noble comte Pâris! Que disait donc mon valet en route? Mon âme bouleversée n'y a pas fait attention. Il me contait, je crois, que Pâris devait épouser Juliette. M'a-t-il dit cela ou l'ai-je rêvé? (Il prend par le bras le cadavre de Pâris.) Oh! donne-moi ta main, toi que l'âpre adversité a inscrit comme moi sur son livre! Je vais t'ensevelir dans un tombeau triomphal... — Un tombeau? Oh! non, jeune victime, c'est un louvre splendide, car Juliette y repose, et sa beauté fait de ce caveau une salle de fête illuminée. (Il dépose Pâris dans le monument.) Mort, repose ici, enterré par un mort. — Que de fois les hommes à l'agonie ont eu un accès de joie, un éclair avant la mort, comme disent ceux qui les soignent!... Ah! comment comparer ceci à un éclair? (Contemplant le corps de Juliette.) O mon amour! ma femme! La mort qui a sucé le miel de ton haleine n'a pas encore eu de pouvoir sur ta beauté : elle ne t'a pas conquise ; la flamme de la beauté est encore toute cramoisie sur tes lèvres et sur tes joues, et le pâle drapeau de la mort n'est pas encore déployé là... (Allant à un autre cercueil.) Tybalt! te voilà donc couché dans ton linceul sanglant! Oh! que puis-je faire de plus pour toi? De cette même main qui faucha ta jeunesse, je vais abattre celle de ton ennemi. Pardonne-moi, cousin. (Revenant sur ses pas.) Ah! chère Juliette, pourquoi es-tu si belle encore? Dois-je croire que le spectre de la Mort est amoureux et que l'affreux monstre décharné te garde ici dans les ténèbres pour te posséder!... Horreur! Je veux rester près de toi et ne plus sortir de ce sinistre palais de la nuit, ici, ici. je veux rester avec ta chambrière, la vermine! Oh! c'est ici que je veux fixer mon éternelle demeure et soustraire au joug des étoiles ennemies cette chair lasse du monde... (Tenant le corps embrassé.) Un dernier regard, mes yeux! bras, une dernière étreinte! et vous, lèvres, vous, portes de l'haleine, scellez par un baiser légitime un pacte indéfini avec le sépulcre accapareur! (Saisissant la fiole.) Viens, amer conducteur, viens, âcre guide. Pilote désespéré, vite! lance sur les brisants ma barque épuisée par la tourmente! A ma bien-aimée! (Il boit le poison.) Oh! l'apothicaire ne m'a pas trompé : ses drogues sont actives... Je meurs ainsi... sur un baiser! (Il expire en embrassant Juliette.)

FRÈRE LAURENCE, *paraît à l'autre extrémité du cimetière,*
avec une lanterne, un levier et une bêche.

LAURENCE.

Saint François me soit en aide! Que de fois cette
nuit mes vieux pieds se sont heurtés à des tombes!
(Il rencontre Balthazar étendu à terre.) Qui est là?

BALTHAZAR, *se relevant.*

Un ami! quelqu'un qui vous connaît bien.

LAURENCE, *montrant le tombeau des Capulet.*

Soyez béni!... Dis-moi, mon bon ami, quelle est
cette torche là-bas qui prête sa lumière inutile aux
larves et aux crânes sans yeux? Il me semble qu'elle
brûle dans le monument des Capulet.

BALTHAZAR.

En effet, saint prêtre; il y a là mon maître, quelqu'un que vous aimez.

LAURENCE.

Qui donc?

BALTHAZAR.

Roméo.

LAURENCE.

Combien de temps a-t-il été là ?

BALTHAZAR.

Une grande demi-heure.

LAURENCE.

Viens avec moi au caveau.

BALTHAZAR.

Je n'ose pas, messire. Mon maître croit que je suis
parti ; il m'a menacé de mort en termes effrayants,
si je restais à épier ses actes.

LAURENCE.

Reste donc, j'irai seul... L'inquiétude me prend :
oh ! je crains bien quelque malheur.

BALTHAZAR.

Comme je dormais ici sous cet if, j'ai rêvé que
mon maître se battait avec un autre homme et que
mon maître le tuait.

LAURENCE, allant vers le tombeau.

Roméo ! (Dirigeant la lumière de sa lanterne sur l'entrée du
tombeau.) Hélas ! hélas ! quel est ce sang qui tache le
seuil de pierre de ce sépulcre ? Pourquoi ces épées

abandonnées et sanglantes projettent-elles leur lueur sinistre sur ce lieu de paix? (Il entre dans le monument.) Roméo! Oh! qu'il est pâle!... Quel est cet autre? Quoi, Pâris aussi! baigné dans son sang! Oh! quelle heure cruelle est donc coupable de cette lamentable catastrophe?... (Éclairant Juliette.) Elle remue! (Juliette s'éveille et se soulève.)

JULIETTE.

O frère charitable, où est mon seigneur? Je me rappelle bien en quel lieu je dois être : m'y voici... Mais où est Roméo? (Rumeur au loin.)

LAURENCE.

J'entends du bruit... Ma fille, quitte ce nid de mort, de contagion, de sommeil contre nature. Un pouvoir au-dessus de nos contradictions a déconcerté nos plans. Viens, viens, partons! Ton mari est là gisant sur ton sein, et voici Pâris. Viens, je te placerai dans une communauté de saintes religieuses : pas de questions! le guet arrive... Allons, viens, chère Juliette. (La rumeur se rapproche.) Je n'ose rester plus longtemps. (Il sort du tombeau et disparaît.)

JULIETTE.

Va, sors d'ici, car je ne m'en irai pas, moi. Qu'est ceci? Une coupe qu'étreint la main de mon bien-aimé? C'est le poison, je le vois, qui a causé sa fin

prématurée. L'égoïste ! il a tout bu ! il n'a pas laissé
une goutte amie pour m'aider à le rejoindre !... Je
veux baiser tes lèvres : peut-être y trouverai-je un
reste de poison dont le baume me fera mourir...
(Elle l'embrasse.) Tes lèvres sont chaudes !

PREMIER GARDE, derrière le théâtre.

Conduis-nous, page... De quel côté ?

JULIETTE.

Oui, du bruit ! Hâtons-nous donc ! (Saisissant le poignard de Roméo.) O heureux poignard ! voici ton fourreau... (Elle se frappe.) Rouille-toi là et laisse-moi mourir ! (Elle tombe sur le corps de Roméo et expire.)

Entre le GUET, conduit par le PAGE de Pâris

LE PAGE, montrant le tombeau.

Voilà l'endroit, là où la torche brûle.

PREMIER GARDE, à l'entrée du tombeau.

Le sol est sanglant. Qu'on fouille le cimetière ! Allez
plusieurs, et arrêtez qui vous trouverez. (Des gardes
sortent.) Spectacle navrant ! Voici le comte assassiné...
et Juliette en sang !... chaude encore !... morte il n'y
a qu'un moment, elle qui était ensevelie depuis deux
jours !... — Allez prévenir le prince, courez chez

les Capulet, réveillez les Montague... que d'autres aillent aux recherches. (D'autres gardes sortent.) Nous voyons bien le lieu où sont entassés tous ces désastres; mais les causes qui ont donné lieu à ces désastres lamentables, nous ne pouvons les découvrir sans une enquête.

Entrent quelques GARDES, ramenant BALTHAZAR.

DEUXIÈME GARDE.

Voici le valet de Roméo, nous l'avons trouvé dans le cimetière.

PREMIER GARDE.

Tenez-le sous bonne garde jusqu'à l'arrivée du prince.

Entre un GARDE, ramenant FRÈRE LAURENCE.

TROISIÈME GARDE.

Voici un moine qui tremble, soupire et pleure. Nous lui avons pris ce levier et cette bêche, comme il venait de ce côté du cimetière.

PREMIER GARDE.

Graves présomptions! Retenez aussi ce moine. (Le jour commence à poindre.)

Entrent le PRINCE et sa suite.

LE PRINCE.

Quel est le malheur matinal qui enlève ainsi notre personne à son repos?

Entrent CAPULET, LADY CAPULET, et leur suite.

CAPULET.

Pourquoi ces clameurs qui retentissent partout?

LADY CAPULET.

Le peuple dans les rues crie : Roméo!... Juliette!... Pàris! et tous accourent, en jetant l'alarme, vers notre monument.

LE PRINCE.

D'où vient cette épouvante qui fait tressaillir nos oreilles?

PREMIER GARDE, montrant les cadavres.

Mon souverain, voici le comte Pàris assassiné : voici Roméo mort; voici Juliette, la morte qu'on pleurait, chaude encore et tout récemment tuée.

LE PRINCE.

Cherchez, fouillez partout, et sachez comment s'est
fait cet horrible massacre.

PREMIER GARDE.

Voici un moine, et le valet du défunt Roméo : ils
ont été trouvés munis des instruments nécessaires
pour ouvrir la tombe de ces morts.

CAPULET.

O ciel!... Oh! vois donc, femme, notre fille est en
sang!... Ce poignard s'est mépris... tiens! sa gaîne
est restée vide au flanc du Montague, et il s'est égaré
dans la poitrine de ma fille!

LADY CAPULET.

Mon Dieu! ce spectacle funèbre est le glas qui
appelle ma vieillesse au sépulcre.

Entrent MONTAGUE *et sa suite.*

LE PRINCE.

Approche, Montague : tu t'es levé avant l'heure
pour voir ton fils, ton héritier couché avant l'heure.

MONTAGUE.

Hélas! mon suzerain, ma femme est morte cette

nuit. L'exil de son fils l'a suffoquée de douleur ! Quel
est le nouveau malheur qui conspire contre mes années ?

LE PRINCE, montrant le tombeau.

Regarde et tu verras.

MONTAGUE, reconnaissant Roméo.

O mal appris ! Y a-t-il donc bienséance à prendre
le pas sur ton père dans la tombe ?

LE PRINCE.

Fermez la bouche aux imprécations, jusqu'à ce que
nous ayons pu éclaircir ces mystères et en connaître la source, la cause et l'enchaînement. Alors c'est
moi qui mènerai votre deuil et qui le conduirai, s'il
le faut, jusqu'à la mort. En attendant, contenez-
vous, et que l'affliction s'asservisse à la patience...
Produisez ceux qu'on soupçonne. (Les gardes amènent
Laurence et Balthazar.)

LAURENCE.

Tout impuissant que j'aie été, c'est moi qui suis le
plus suspect, puisque l'heure et le lieu s'accordent à
m'imputer cet horrible meurtre ; me voici, prêt à
m'accuser et à me défendre, prêt à m'absoudre en
me condamnant.

LE PRINCE.

Dis donc vite ce que tu sais sur ceci.

LAURENCE.

Je serai bref : car le peu de souffle qui me reste
ne suffirait pas à un récit prolixe. Roméo, ici gisant,
était l'époux de Juliette : et Juliette, ici gisante, était
la femme fidèle de Roméo. Je les avais mariés : le jour
de leur mariage secret fut le dernier jour de Tybalt,
dont la mort prématurée proscrivit de cette cité le
nouvel époux. C'était lui, et non Tybalt, que pleurait
Juliette. (A Capulet.) Vous, pour chasser la douleur qui
assiégeait votre fille, vous l'aviez fiancée et vous vouliez la marier de force au comte Pâris. Sur ce, elle
est venue à moi, et d'un air effaré m'a dit de trouver
un moyen pour la soustraire à ce second mariage :
sinon, elle voulait se tuer, là, dans ma cellule.
Alors, sur la foi de mon art, je lui ai remis un nar-
cotique qui a agi, comme je m'y attendais, en lui
donnant l'apparence de la mort. Cependant j'ai écrit
à Roméo d'arriver, dès cette nuit fatale, pour aider
Juliette à sortir de sa tombe empruntée, au moment
où l'effet du breuvage cesserait. Mais celui qui était
chargé de ma lettre, frère Jean, a été retenu par un
accident, et me l'a rapportée hier soir. Alors tout
seul, à l'heure fixée d'avance pour le réveil de Juliette, je me suis rendu au caveau des Capulet dans
l'intention de l'emmener et de la recueillir dans ma
cellule jusqu'à ce qu'il me fût possible de prévenir
Roméo. Mais quand je suis arrivé, quelques minutes
avant le moment de son réveil, j'ai trouvé ici le no-

ble Pâris et le fidèle Roméo prématurément couchés
dans le sépulcre. Elle s'éveille, je la conjure de partir et de supporter ce coup du ciel avec patience...
Aussitôt un bruit alarmant me chasse de la tombe ;
Juliette, désespérée, refuse de me suivre, et c'est
sans doute alors qu'elle s'est fait violence à elle-
même. Voilà tout ce que je sais. La nourrice était
dans le secret de ce mariage. Si dans tout ceci quelque malheur est arrivé par ma faute, que ma vieille
vie soit sacrifiée, quelques heures avant son épui-
sement, à la rigueur des lois les plus sévères.

LE PRINCE.

Nous t'avons toujours connu pour un saint
homme... Où est le valet de Roméo ? qu'a-t-il à
dire ?

BALTHAZAR.

J'ai porté à mon maître la nouvelle de la mort de
Juliette ; aussitôt il a pris la poste, a quitté Mantoue
et est venu dans ce cimetière, à ce monument. Là, il
m'a chargé de remettre de bonne heure à son père
la lettre que voici, et, entrant dans le caveau, m'a
ordonné sous peine de mort de partir et de le laisser
seul.

LE PRINCE, prenant le papier que tient Balthazar.

Donne-moi cette lettre, je veux la voir... Où est

le page du comte, celui qui a appelé le guet? Maraud, qu'est-ce que ton maître a fait ici?

LE PAGE.

Il est venu jeter des fleurs sur le tombeau de sa fiancée et m'a dit de me tenir à l'écart, ce que j'ai fait. Bientôt un homme avec une lumière est arrivé pour ouvrir la tombe; et, quelques instants après, mon maître a tiré l'épée contre lui; et c'est alors que j'ai couru appeler le guet.

LE PRINCE, jetant les yeux sur la lettre.

Cette lettre confirme les paroles du moine... Voilà tout le récit de leurs amours... Il a appris qu'elle était morte: aussitôt, écrit-il, il a acheté du poison d'un pauvre apothicaire et sur-le-champ s'est rendu dans ce caveau pour y mourir et reposer près de Juliette... (En regardant autour de lui.) Où sont-ils, ces ennemis? Capulet! Montague! Voyez par quel fléau le ciel châtie votre haine: pour tuer vos joies il se sert de l'amour!... Et moi, pour avoir fermé les yeux sur vos discordes, j'ai perdu deux parents. Nous sommes tous punis.

CAPULET.

O Montague, mon frère, donne-moi ta main! (Il serre la main de Montague.) Voici le douaire de ma fille; je n'ai rien à te demander de plus.

MONTAGUE.

Mais moi, j'ai à te donner plus encore. Je veux dresser une statue de ta fille en or pur. Tant que Vérone gardera son nom, il n'existera pas de figure plus honorée que celle de la loyale et fidèle Juliette.

CAPULET.

Je veux que Roméo soit auprès de sa femme dans la même splendeur : pauvres victimes de nos inimitiés !

LE PRINCE.

Cette matinée apporte avec elle une paix sinistre, le soleil se voile la face de douleur. Partons pour causer encore de ces tristes choses. Il y aura des graciés et des punis. Car jamais aventure ne fut plus douloureuse que celle de Juliette et de son Roméo.

(Tous sortent.)

XII

Telle est cette première grande œuvre dramatique de Shakspeare.

Invention nulle, puisqu'elle est littéralement tra-

duite de la nouvelle italienne que nous avons donnée
au commencement.

Goût vicié, puisque l'obscénité la plus scanda-
leuse y tient la place de la pudeur virginale, vertu
du style comme de l'amour.

Style en grande partie dépravé par l'afféterie
italienne de cette époque, où l'auteur fait de l'esprit
au lieu de faire éclater le sentiment pur et vrai
dans les situations où il place ses personnages.
Pathétique refroidi par le faux quintessencié des
expressions. Voilà les défauts de Shakspeare dans
cette pièce.

Mais ceci admis et trop prouvé par les citations
sur lesquelles nous avons jeté le voile de l'omission,
les beautés révèlent un grand génie, une imagination splendide, un cœur pathétique et maître des
cœurs.

La seule scène des noces des deux amants et cette
admirable invention du chant du rossignol réveillant
la jeune épouse par ses chants, et cette incertitude
que l'oiseau fait naître dans l'âme de Juliette, si
c'est le chant du soir annonçant une longue nuit de
délices, ou le chant du matin commandant la sépa-
ration ou la mort; cette dispute amoureuse entre les
deux amants, pour savoir si ce n'est pas l'alouette
matinale au lieu du chantre nocturne; cette dispute
au temps, des minutes suprêmes qu'il va prolonger
pour leur félicité ou retrancher à leur amour, invention toute de Shakspeare et que nul autre que le

poëte ne pouvait créer, vaut toute une tragédie.
C'est un poëme tout entier, c'est le cœur sondé
jusque dans ses mystères, et c'est la nature s'asso-
ciant au bonheur des amants par la plus joyeuse et
la plus mélancolique analogie des nuits d'été sous
le ciel des climats méridionaux, et c'est la même
note du rossignol, selon qu'il chante le soir ou au
crépuscule du matin, donnant aux amants le signal
de la joie ou l'affre de la mort. Aussi, *c'est le rossi-*
gnol de Roméo, ou *c'est l'alouette* de Juliette est-il
devenu le proverbe de l'amour inquiet dans tous les
pays. La poésie ne va pas plus loin et l'imagination
ne découvre pas de plus divines paraboles en aucune
langue.

Remarquez ici combien le poëte, entièrement livré
à lui-même, devient simple et sobre dans ses expressions, par la force et par la vérité même du sentiment. Tout le pathétique porte sur ces deux mots :
C'est le rossignol ou *c'est l'alouette* ; et puis sur ce
cri terrible de Juliette, quand après l'avoir nié, elle
est forcée de reconnaître l'alouette : *C'est l'alouette,*
mon amour sauve-toi !

Pour entendre un pareil dialogue dans une pièce,
on passerait sur un océan de *concetti* et de froides
déclamations. La force de la situation entraîne tout ;
on ne résiste pas à cette anxiété qui saisit d'un bout
à l'autre le spectateur ; et puis la passion jeune en-
flamme tout. Shakspeare écrit avec des étincelles le
dénoûment funèbre dans le tombeau des Capulet.

Cette double erreur si bien amenée et découverte après coup : ce poison bu par Roméo pour ne pas survivre à celle qu'il croit morte : ce coup de stylet que se donne Juliette pour ne pas se réveiller dans un monde où son amant n'est plus : ce moine innocemment coupable qui arrive trop tard pour prévenir ce double suicide, comme la fatalité toujours en retard d'une minute sur le bonheur humain : tout cela fait que si la pièce de *Roméo et Juliette* n'est pas bien inventée, puisqu'elle est inventée par le roman, elle est admirablement choisie par Shakspeare pour passionner un auditoire et pour exprimer la première des passions innocentes de l'humanité : l'amour !

Aussi n'y a-t-il dans la pièce aucun crime, aucun vice pour contraster avec les deux jeunes amants. Ils se suffisent à eux-mêmes et ils suffisent au spectateur. Tout est innocent, tout est bon autour d'eux, excepté la fatalité aveugle et sourde qui leur tend un piège et qui les y pousse. Le père, la mère, les amis, le moine, le prétendant lui-même, Pâris, tout conspire à les aimer et à les servir, et cependant ils s'aiment, ils s'unissent et ils meurent !... La fatalité les attire, les sépare et les réunit dans le sanglant hymen du tombeau. Une touchante pitié pour ces deux enfants, victimes de l'amitié même du moine qui veut les sauver, est le seul sentiment que le spectateur emporte de ce beau drame : une larme sans amertume coule de tous les yeux. C'est la tragédie de l'innocence ; c'est la tragédie de la nature ; mais ce n'est pas la tragédie de l'art. Voltaire a dit brutalement de Shakspeare : *un sauvage ivre* ; non, mais un homme de génie inculte et naïf qui ressemble aussi peu, dans l'ordonnance châtiée de ses pièces, à Eschyle, à Euripide, à Corneille, à Racine, à Voltaire lui-même, que le Parthénon d'Athènes ressemble à la forêt vierge des bords du Mississipi ! Cependant le Parthénon est de marbre ; on l'admire, mais il ne vit pas ; aucune sève ne circule dans les veines de pierre de ses statues, et la forêt vierge végète et vit d'une vie qui déborde et se renouvelle dans tous les siècles ! C'est le caractère de Shakspeare ; il est plein de défauts, mais il est plein de passion ; il vit et il vivra d'une vie éternelle.

Voyons son principal chef-d'œuvre et rendons-nous raison ainsi de l'enthousiasme que ce pauvre gardien de chevaux à la porte du théâtre inspire à la nation la plus cultivée de l'univers.

HAMLET

HAMLET

Voici comment M. François-Victor Hugo, fils du
grand poëte, nous donne le premier récit de la tragique aventure d'où sortit Hamlet.

On sait que Shakspeare, qui n'avait alors que
vingt et un ans, vivait chez son père, à Stratford-sur-
Avon, avec sa femme, un peu plus âgée que lui, et
les petits enfants qui lui étaient nés.

Lisez d'abord ceci: voici le tableau:

« On ne saura jamais tout ce qu'il y eut de douloureux dans ces premières luttes du génie avec la
nécessité, et que d'amertume cette grande âme y
puisa. Je me figure que le jeune homme dut cruellement souffrir de ces privations intellectuelles que la

pauvreté lui imposait. Quand le colporteur nouvellement venu de Londres à Stratford passait devant
l'humble maison de Henley Street, quel crève-cœur
de le laisser aller sans lui rien acheter! Bien souvent
Will a dû le voir tourner le coin de la rue en soupi-
rant. C'est alors qu'il aurait voulu être riche et qu'il
enviait cet imbécile de chevalier Lucy qui s'ennuyait
si magnifiquement dans son château. Mais Will, si
gêné qu'il fût, n'était pas homme à résister indéfini-
ment à la tentation. La veille de Noël, par exemple,
à l'approche de cette fête joyeuse qui est le jour de
l'an des Anglais, le colporteur ne manquait pas de
faire sa tournée dans la ville et de passer devant la
demeure du jeune poëte. Alors Will n'y tenait plus,
il faisait une folie, il ouvrait la porte et appelait le
colporteur. Celui-ci entrait, défaisait sa balle, et
étalait sous les yeux avides de Shakspeare toutes ces
richesses importées de la grande ville. Mais ce qui
attirait l'attention de Will, ce n'étaient pas ces ver-
roteries, ces bijoux faux, ces dentelles, ces soieries,
ces brimborions, ces fanfreluches; c'était ce petit
bouquin relié en parchemin et doré sur tranche,
relégué négligemment au coin de la boîte. Will prenait le volume, le feuilletait, et, si sa curiosité était
piquée, demandait le prix au marchand. Puis, quoique le prix fût toujours bien élevé, il se disait qu'on
était à Noël, qu'il fallait faire un cadeau à sa femme
et qu'Anne aimerait certainement mieux ce livre
qu'un ruban. Alors il se décidait, fouillait sa poche,

en tirait une pièce d'argent, la remettait au colporteur, et remontait triomphalement avec son em-
plette.

« L'apparition d'un livre nouveau devait faire événement dans la maison de Shakspeare, au milieu de
cette monotone existence de province, où les émo-
tions sont si rares. La lecture en était annoncée
d'avance : elle devait se faire le soir, en famille, car,
le jour, tout le monde était occupé et Will aidait au
service de la boutique. Le soir, donc, toute la famille
se réunissait dans la même salle, devant la même
bûche, à la lueur de la même chandelle, car il fallait
économiser. Tous les siéges étaient mis en réquisi-
tion et placés le plus près possible de l'âtre, car
l'hiver était rude et il faisait déjà grand froid. Les
voyez-vous d'ici, tous les membres de l'auguste
famille, rangés en cercle autour de ce triste feu?
A droite de la cheminée, cet homme aux cheveux
grisonnants, qui est assis sur cette chaise haute,
c'est le père de William, maître Jean Shakspeare,
boucher, corroyeur, gantier et marchand de laine de
son état, jadis élu par ses concitoyens bailli de la
bonne ville de Stratford. En face de lui, à gauche de
la cheminée, sur ce fauteuil unique dans la maison,
cette matrone respectable qui tricote, c'est la mère
de William, mistress Shakspeare, qui de son nom
de fille s'appelle Marie Arden et qui descend d'un
valet du roi Henri VII, s'il vous plaît. A côté d'elle,
sur cette chaise basse, cette jeune femme qui allaite

un enfant, c'est la femme même de William, demoi-
selle Anne Hathaway, fille d'un fermier de Shottery,
humble village des environs. Près d'elle, sur ce
tabouret, ce tout jeune homme au front élevé, au
nez aquilin, à l'œil étincelant, c'est lui! lui, l'auteur encore inconnu d'*Othello* et de *Macbeth!* lui, le
futur prince des poètes, William Shakspeare! Enfin,
sur ce banc qui touche la chaise du père, cet ado-
lescent de dix-sept ans, c'est Gilbert, frère puîné de
William. Et où sont donc les autres? Will a encore
une petite sœur et deux petits frères. Où est Jeanne?
où est Richard? où est Edmond? où se sont-ils four-
rés ces enfants? Eh bien! regardez avec attention,
vous les trouverez sous la cheminée même, blottis
dans les deux niches pratiquées à droite et à gauche
du foyer.

« Ainsi la réunion est au complet, la porte est
bien fermée, la fenêtre bien close. Rien n'empêche
que la lecture commence. Cette lecture doit être faite
à haute voix, et c'est Gilbert qui s'en charge, car
Gilbert a un grand goût pour la déclamation et une
grande envie d'être comédien. On recommande aux
petits d'être sages et de ne pas faire de bruit. Gilbert prend le livre que Will vient d'acheter : c'est un
recueil d'histoires tragiques, traduites du français.
Parmi ces histoires, écrites toutes par le fameux
chroniqueur Belleforest, Gilbert n'a qu'à choisir. Il
ouvre le volume au hasard, et lit avec un accent
solennel. »

Or, voici le sens de ce qu'il lit dans cette traduction des histoires populaires de Belleforest :

Rovique régnait sur le nord de l'Europe : il accorda sa fille Géruthe pour femme à lord Rowill, qui venait de combattre vaillamment pour lui en Jutland. Fengor, frère d'Hordrevenill, jaloux du bonheur et de la gloire de son frère, l'assassina au milieu d'un banquet. Il épousa la veuve Géruthe. Géruthe avait un fils de Hardenwill; ce fils était Hamlet; Hamlet contrefit le fou pour échapper aux piéges de son beau-père. La reine Héruthe affectait de le plaindre en le méprisant. Depuis Brutus, c'est la ruse ordinaire de ceux qui ont une injure mortelle à venger et qui couvent un grand dessein sous une incapacité feinte. Fengor lui fit présenter Ophélie, qui aimait dès la plus tendre enfance Hamlet : mais Hamlet eut l'air de la dédaigner. Cette froideur convainquit Fengor qu'Hamlet était réellement privé de sens. Cependant il voulut l'éprouver mieux encore; il fit enfermer Hamlet avec Géruthe, sa mère, pendant un voyage simulé, et cacher un espion dans la chambre, ne doutant pas que la solitude n'engageât le jeune homme à se trahir en avouant à sa mère qu'il connaissait l'assassin de son père et qu'il se préparait à venger le meurtre sur le meurtrier. Mais Hamlet continua à battre des ailes comme un poulet, et fondant tout à coup sur l'espion, comme dans un mouvement convulsif, il l'égorgea, et le roulant hors de la chambre par un conduit secret

qui conduisait dans les basses-cours, il le donna à
dévorer aux porcs du palais. Il dévoile ensuite son
intelligence dans de justes reproches à sa mère.
Celle-ci s'excuse sur sa faiblesse et sur la complicité
de la cour, qui ont contraint sa volonté, et conjure son
fils de continuer à feindre.

Fengor, revenu au palais, s'étonne de ne pas
retrouver son espion dont la mort lui paraît équivoque. Il éloigne Hamlet en l'envoyant en Angleterre, et comme il se réjouissait avec sa noblesse de
la mort de son beau-fils, faussement répandue en
Danemark, Hamlet, époux de la princesse d'Angleterre, et chargé de trésors, dot de son épouse,
arrive inopinément au palais, trouve les complices
de Fengor, dans l'ivresse de la fête, endormis sur le
plancher, décloue la tapisserie de la salle du festin,
la fait tomber sur les convives assoupis dans leur
vin, les enveloppe et les cloue vivants sous ce linceul, puis les perce de son épée et met le feu à la
salle. Il marche ensuite à la chambre royale où le
tyran reposait sur son lit; il lui adresse les reproches
les plus terribles sur son crime avant de le frapper.
Le tyran s'élance légèrement de sa couche pour tuer
Hamlet, il porte la main à son épée suspendue au
chevet du lit, mais la reine Géruthe a noué la garde
du glaive au fourreau, et le tyran tombe sous les
coups d'Hamlet.

« Va, » lui dit-il, « aux enfers, et raconte à

Hardenwill, mon père, que c'est son fils qui te fait mourir pour le venger ! »

Il dépouille ensuite sa folie simulée, et règne en grand roi sage et prudent sur le Nord. Géruthe survit dans le palais entre les ombres de ses deux maris assassinés, l'un par le crime, l'autre par la piété filiale.

Voilà le germe d'*Hamlet* trouvé par Shakspeare dans une légende française, comme celui de *Roméo et Juliette* dans un roman italien.

II

Shakspeare avoue qu'à vingt et un ans, âge qu'il avait quand parut cette aventure en Angleterre, ce fut l'extrême misère qui l'induisit à écrire. Le génie lui-même a besoin de ce sanglant aiguillon ; la gloire est fille du besoin.

Le succès fut grand, mais pas assez pour donner au jeune poëte l'aisance, la liberté, le loisir avec sa famille. Il continua à jouer médiocrement des rôles comiques sur le théâtre de Londres, au milieu des désordres d'une vie inquiète. Quelques années après, il relit *Hamlet* avec plus de maturité et moins de succès. Le premier *Hamlet* fit la fortune de son

auteur, et, selon l'expression de M. François-Victor
Hugo, fonda le théâtre anglais, comme le *Cid* de
Corneille fonda le théâtre français.

Mais laissons ces considérations accessoires, et rendons-nous compte de la pièce de théâtre, le manu-
scrit à la main. Et cependant, avant, un mot du
grand poëte allemand Gœthe sur Hamlet. On voit
dans ce mot combien Gœthe, supérieur en poésie à
Shakspeare, égal en force dramatique, supérieur en
philosophie théâtrale, avait été fortement frappé de
l'économie de la pièce de son modèle.

« Plus j'avançai, » dit Gœthe, « dans l'étude
d'*Hamlet*, plus il me devint difficile de me former
une idée de l'ensemble. Je me perdis dans les sen-
tiers détournés et j'errai longtemps en vain. A la
fin, cependant, je conçus l'idée d'atteindre mon but
par une route entièrement nouvelle.

« Je me mis à rechercher toutes les traces du
caractère d'Hamlet, pour le voir tel qu'il était avant
la mort de son père. Je tâchai de distinguer ce qui
y était indépendant de ce douloureux événement,
indépendant des douloureux événements qui sui-
virent, et de deviner ce que le jeune homme eût été
très-probablement si rien de pareil n'avait eu lieu.

« Tendre et d'une noble tige, cette royale fleur
avait grandi sous l'influence immédiate de la majesté :
l'idée de la rectitude morale jointe à l'idée de son
élévation princière, le sentiment du bien ennobli par

la conscience d'une haute naissance, s'étaient développés en lui simultanément. Il était prince et né pour l'être, et il désirait régner, afin que les hommes de bien fussent bons sans obstacle. Agréable extérieurement, poli par la nature, courtois du fond du cœur, il devait être le modèle de la jeunesse et la joie du monde.

« Sans passion dominante, l'amour qu'il avait pour Ophélia était un secret pressentiment des plus doux besoins. Son ardeur pour les exercices chevaleresques ne lui était pas entièrement naturelle : il fallait qu'elle fût excitée et enflammée par la louange accordée à d'autres et par le désir de les dépasser. Par ce sentiment, il reconnaissait vite l'honnêteté, et il savait apprécier cette paisible confiance dont jouit une âme sincère en s'épanchant dans le cœur d'un ami. Jusqu'à un certain point, il avait appris à honorer ce qui était bon, beau dans les arts et dans les sciences; la médiocrité, le vulgaire l'offusquaient, et si la haine pouvait prendre racine dans son âme, ce n'était que pour lui faire mépriser justement les êtres faux et changeants qui rampent dans une cour, et pour lui permettre de s'amuser d'eux avec l'aisance de la raillerie. Il était calme dans son tempérament, franc dans sa conduite, ni ami de la paresse, ni trop violemment désireux d'emploi. Il semblait continuer à la cour la routine de l'Université. Il avait plutôt la gaîté de l'esprit que celle du cœur; il était bon compagnon, complaisant, courtois.

discret, capable d'oublier et de pardonner une
injure, incapable pourtant de se joindre jamais à
ceux qui franchissent les bornes de la justice, de la
vérité, de la décence...

« Imaginez-vous le prince tel que je vous l'ai
peint ; son père meurt soudainement. L'ambition et
l'amour du pouvoir ne sont pas les passions qui
l'inspirent. Resté fils de roi, il eût été satisfait ;
mais maintenant le voilà pour la première fois forcé
de songer à la différence qui sépare un souverain
d'un sujet. La couronne n'était pas héréditaire, et
pourtant une plus longue occupation du trône par le
père eût fortifié les prétentions d'un fils unique et
assuré ses espérances de succession. Au lieu de cela,
il se voit exclu par son oncle, en dépit de brillantes
promesses, très-probablement pour toujours. Le
voilà maintenant ruiné, disgracié, étranger sur la
scène même qu'il regardait dès sa jeunesse comme
son domaine héréditaire. Son caractère prend ici sa
première teinte de tristesse. Il sent que maintenant
il n'est pas plus, qu'il est moins qu'un simple seigneur ; il se présente comme le serviteur de tous ;
il n'est plus courtois et protecteur, il est besoigneux
et dégradé.

« Il se souvient de sa condition passée comme d'un
rêve évanoui. C'est vainement que son oncle essaye
de le consoler, de lui montrer sa situation sous un
autre point de vue. Le sentiment de son néant ne
peut plus le quitter.

« Le second coup qui l'atteint l'a blessé, humilié
plus profondément encore : c'est le mariage de sa
mère. Le tendre et fidèle fils avait encore une mère
quand son père est mort. Il espérait vivre dans sa
société pour révérer l'ombre du héros disparu ;
mais il perd aussi sa mère, et c'est quelque chose
de pire que la mort qui la lui enlève : l'image tutélaire qu'un enfant aime à se faire de ses parents
n'existe plus. Plus de recours au mort, plus de
prise sur la vivante. Elle aussi est femme, et elle a
nom Fragilité !

« Alors, pour la première fois, il se sent orphelin,
et il n'est plus de bonheur dans cette vie qui puisse
compenser ce qu'il a perdu. Quoiqu'il ne soit naturellement ni rêveur ni triste, la rêverie et la
tristesse sont devenues pour lui une accablante
obligation.

« Figurez-vous ce jeune homme, ce fils de
prince, vivant sous vos yeux, représentez-vous sa
situation, et alors observez-le quand il apprend que
l'ombre de son père apparaît ; tenez-vous près de
lui dans cette nuit sinistre où le fantôme vénérable
marche devant lui. Un frisson d'horreur parcourt
tous ses membres ; il parle à l'ombre mystérieuse,
il la voit lui faire signe de la tête, il la suit et il
écoute. La voix terrible qui accuse son oncle retentit
à son oreille : elle l'appelle à la vengeance en répé-
tant cette prière déchirante : « Souviens-toi de moi ! »

« Et quand le spectre s'est évanoui, qui avons-nous

sous les yeux? un jeune héros altéré de vengeance?
un prince légitime, heureux d'être appelé à punir
l'usurpateur? Non! Le trouble et la surprise ont
saisi le solitaire jeune homme ; il devient amer contre
les scélérats qui lui sourient, il jure de ne pas oublier l'esprit, et il conclut par cette exclamation
significative : « Le monde est détraqué. O malé-
diction ! que je sois jamais né pour le remettre en
ordre ! »

« C'est dans ces mots, il me semble, qu'est la
clef de toute la conduite d'Hamlet. *Il est clair pour
moi que Shakspeare a voulu nous montrer une âme
chargée d'une grande action et incapable de l'accomplir.* Cette pensée, selon moi, domine toute la pièce.
Un chêne est planté dans un vase qui ne devait
porter que des fleurs charmantes ; les racines s'éten-
dent et le vase est brisé. »

Il est évident que l'idée de Shakspeare est une
religieuse fatalité. « Il y a, » dit-il lui-même dans
un endroit du drame, « il y a une providence spéciale pour la catastrophe d'un passereau; si mon
heure est venue, elle n'est pas à venir ! si elle n'est
pas à venir, elle est venue ! Que ce soit à présent ou
plus tard, soyons prêts ! »

Encore une fois, lisons la pièce.

III

Les sentinelles qui veillent autour du palais causent familièrement entre elles d'une apparition qui les a épouvantées la nuit dernière.

« C'était seulement la nuit dernière! alors que cette étoile là-bas qui va du pôle vers l'ouest avait terminé son cours pour illuminer cette partie du ciel où elle resplendit maintenant. La cloche alors tintait une heure!

« Taisez-vous, » dit un autre soldat, « regardez! la voilà qui revient! »

AUTRE SENTINELLE.

Arrêtez-vous! — Voyez! le voici! le fantôme qui revient!

AUTRE SOLDAT.

Avec la même forme, semblable au roi qui est mort!

AUTRE SOLDAT.

Questionne-le, Horatio!

HORATIO.

Qui es-tu, toi qui usurpes l'appareil dans lequel
Sa Majesté ensevelie du Danemark marchait naguère?
Je te somme, au nom du ciel, parle!

Le spectre, offensé de l'interrogation, s'éloigne
en silence.

Les soldats continuent à causer de ce prodige, et
l'exposition claire et complète du drame se fait naturellement dans leur entretien. Le prodige ajoute son
autorité et son pressentiment à ce tableau. Jamais
fantôme ne fut plus motivé et plus annonciateur de
quelque mystère dans un événement. C'est le fantôme de la conscience d'un peuple agité par un
grand remords. On s'attend à tout après cet avertis-
sement d'en haut. Ce fantôme hardiment dévoilé, à
la première scène du drame, atteste le génie de
Shakspeare.

Le fantôme revient; Horatio l'interroge une seconde fois; il se détourne et s'éloigne encore :

« J'ai ouï dire que le coq, qui est le clairon de
l'aurore, avec son cri matinal et aigu éveille le roi
du jour, et qu'à ce bruit, qu'ils soient dans la terre,
ou dans l'air, ou dans le feu, les esprits égarés et
errants regagnent leur retraite, et ce que nous venons de voir en est la preuve! »

MARCELLUS.

Il est évanoui au chant du coq; on dit qu'aux approches de la saison où l'on célèbre la naissance de notre Sauveur l'oiseau de l'aurore chante toute la nuit, et alors aucun esprit n'ose s'aventurer dehors; les nuits sont saines alors : pas d'étoile qui frappe! pas de fée qui jette des sorts ! pas de sorcière qui ait le pouvoir de charmer! tant cette époque est bénie et pleine de grâces!

HORATIO.

Finissons notre faction, et, si vous m'en croyez, faisons part au jeune Hamlet de ce que nous avons vu : car cet esprit muet pour nous lui parlera à lui.

MARCELLUS.

Oui, faisons cela, je vous en prie, je sais ce matin où nous avons chance de le trouver.

IV

Suit une scène importante dans laquelle paraissent le roi, assassin sournois du père d'Hamlet, la reine, moitié coupable, moitié séduite, Hamlet, le fou équi-

voque, Léartes, le courtisan, frère d'Ophélia, aimée
en secret par le jeune Hamlet, et des ambassadeurs
prenant congé pour aller en France.

Après les cérémonies d'usage, le roi criminel se
tourne avec une feinte bonté vers le jeune Hamlet
et lui reproche amicalement son humeur mélancolique :

« N'allez point en Wittemberg, » lui dit-il, « restez
avec nous. »

HAMLET.

Monseigneur, ni le vêtement noir que je porte, ni
les larmes qui restent encore dans mes yeux, ni la
mine effarée de mon visage, ni aucun semblant extérieur n'équivalent au chagrin de mon cœur. — Je
sens, malgré moi, l'absence de celui que j'ai perdu;
ceci n'est que l'ornement et l'habit de la douleur.

LE ROI.

Voilà qui montre en vous une aimante sollicitude,
fils Hamlet; mais, pensez-y bien, votre père avait
perdu son père, ce père défunt avait perdu le sien,
et il en sera ainsi jusqu'à la fin du monde. Cessez
donc vos lamentations. C'est une offense envers le
ciel, une offense envers les morts, une offense envers la nature. Et, selon la raison, c'est le cours

inévitable des choses; nul ne vit sur la terre qui ne
soit né pour mourir.

LA REINE.

Que les prières de ta mère ne soient pas perdues,
Hamlet. Reste avec nous ici : ne va pas à Wittemberg.

HAMLET.

Je ferai de mon mieux pour vous obéir en tout,
madame.

LE ROI.

C'est parler comme un fils aimable et tendre. Je
veux que le roi ne boive pas aujourd'hui sans que les
gros canons disent aux nuages que le roi boit au
prince Hamlet. (Tous sortent excepté Hamlet.)

HAMLET.

Oh! si cette chair trop endolorie et trop souillée
pouvait se fondre en néant! Si l'universel globe du
ciel pouvait se changer en chaos! O Dieu! en deux
mois; non, pas même! mariée, à mon oncle! Oh! ne
pensons pas à cela. Le frère de mon père, mais pas
plus semblable à mon père que moi à Hercule. En
deux mois! Avant même que le sel de ses larmes
menteuses eût cessé d'irriter ses yeux rougis, elle
s'est mariée! O ciel! une bête dénuée de raison n'au-

rait pas eu une telle hâte... Fragilité, ton nom est femme! Quoi! elle se pendait à lui comme si ses désirs grandissaient en le regardant. O criminelle, criminelle ardeur! Aller avec une telle vivacité à des draps incestueux! Avant même d'avoir usé les souliers avec lesquels elle suivait le cadavre de mon père mort, comme Niobé, toute en pleurs. Mariée! Mauvais mariage qui ne peut mener à rien de bon! Mais, tais-toi, mon cœur, car il faut que je retienne ma langue. (Entrent Horatio et Marcellus.)

HORATIO.

La santé à Votre Seigneurie!

HAMLET.

Je suis charmé de vous voir, Horatio? si j'ai bonne mémoire.

HORATIO.

Lui-même, monseigneur, et votre humble serviteur toujours.

HAMLET.

Oh! dites : mon bon ami! j'échangerai ce titre avec vous. Mais que faites-vous loin de Wittemberg, Horatio? Marcellus?

MARCELLUS.

Mon bon seigneur!

HAMLET.

Je suis charmé de vous voir; bonsoir, monsieur.
Mais quelle affaire avez-vous à Elseneur? Nous vous
apprendrons à boire avant notre départ.

HORATIO.

Un caprice de vagabond, mon bon seigneur.

HAMLET.

Non, vous ne me forcerez pas à croire votre propre
déposition contre vous-même. Monsieur, je sais que
vous n'êtes point un vagabond. Mais quelle affaire
avez-vous à Elseneur?

HORATIO.

Monseigneur, j'étais venu pour assister aux funérailles de votre père.

HAMLET.

Oh! ne te moque pas de moi, je t'en prie, camarade étudiant. Je crois que c'est pour assister aux
noces de ma mère.

HORATIO.

Il est vrai, monseigneur, qu'elles ont suivi de bien
près.

HAMLET.

Économie! économie, Horatio! Les viandes cuites pour les funérailles ont été servies froides sur les tables du mariage. Que n'ai-je été rejoindre mon plus intime ennemi dans le ciel avant d'avoir vu ce jour Horatio! O mon père! mon père! il me semble que je vois mon père!

HORATIO.

Où, monseigneur?

HAMLET.

Eh bien! avec les yeux de la pensée, Horatio.

HORATIO.

Je l'ai vu jadis, c'était un vaillant roi.

HAMLET.

C'était un homme auquel, tout bien considéré, je ne retrouverai pas de pareil.

HORATIO.

Monseigneur, je crois l'avoir vu la nuit dernière.

HAMLET.

Vu? qui?

HORATIO.

Monseigneur, le roi votre père.

HAMLET.

Ha! ha! le roi mon père! vous!

HORATIO.

Calmez pour un moment votre surprise par l'attention, afin que je puisse, avec le témoignage de ces
messieurs, vous raconter ce miracle.

HAMLET.

Pour l'amour de Dieu, parle.

HORATIO.

Pendant deux nuits de suite, tandis que ces messieurs, Marcellus et Bernardo, étaient de garde, au
milieu du désert funèbre de la nuit, voici ce qui leur
est arrivé. Une figure semblable à votre père, armée
de toute pièce, de pied en cap, leur est apparue:
trois fois elle s'est promenée devant leurs yeux affai-
blis et épouvantés, à la distance du bâton qu'elle
tenait. Et eux, dissous en une sueur glacée par la
terreur, sont restés muets, et ils n'ont osé lui parler.
Ils m'ont fait part de ce secret effrayant, et, la nuit
suivante, j'ai monté la garde avec eux. Alors, juste
sous la forme qu'ils m'avaient indiquée, sans qu'il y

manquât un détail, l'apparition est revenue. J'ai reconnu votre père; ces deux mains ne sont pas plus semblables.

HAMLET.

C'est très-étrange.

HORATIO.

C'est aussi vrai que j'existe, mon honoré seigneur; et nous avons pensé bien agir selon notre devoir en vous en instruisant.

HAMLET.

Où cela s'est-il passé?

MARCELLUS.

Monseigneur, sur la plate-forme où nous étions de garde.

HAMLET.

Et vous ne lui avez pas parlé?

HORATIO.

Si fait, monseigneur; mais il n'a fait aucune réponse. Une fois, pourtant, il m'a semblé qu'il allait parler et qu'il levait la tête avec le mouvement de quelqu'un qui veut parler; mais alors justement le coq matinal a jeté un cri aigu, et tout en hâte, en

hâte, le spectre s'est enfui, et s'est évanoui de notre
vue.

HAMLET.

Mais vraiment, vraiment, messieurs, ceci me
trouble. Êtes-vous de garde cette nuit?

TOUS.

Oui, monseigneur.

HAMLET.

Armé, dites-vous?

TOUS.

Armé, mon bon seigneur.

HAMLET.

De pied en cap?

TOUS.

Mon bon seigneur, de la tête aux pieds.

HAMLET.

Eh bien! alors vous n'avez pas vu sa figure!

HORATIO.

Oh! si, monseigneur, il portait sa visière levée.

HAMLET.

Quel air avait-il? farouche?

HORATIO.

Plutôt l'aspect de la tristesse que de la colère.

HAMLET.

Pâle ou rouge?

HORATIO.

Ah! très-pâle.

HAMLET.

Et il fixait les yeux sur vous?

HORATIO.

Constamment.

HAMLET.

Je voudrais avoir été là.

HORATIO.

Vous auriez été bien stupéfait.

HAMLET.

C'est très-probable, très-probable. Est-il resté
longtemps?

HORATIO.

Le temps qu'il faudrait pour compter jusqu'à cent
sans se presser.

MARCELLUS.

Oh! plus longtemps! plus longtemps!

HAMLET.

Sa barbe était grisonnante. n'est-ce pas?

HORATIO.

Elle était comme je la lui ai vue de son vivant.
d'un noir argenté.

HAMLET.

Je veillerai cette nuit: peut-être reviendra-t-il encore.

HORATIO.

Oui. je le garantis.

HAMLET.

S'il se présente sous la figure de mon noble père.
je lui parlerai, dût l'enfer. bouche béante, m'or-
donner de me taire. Messieurs, si vous avez jusqu'ici
tenu cette vision secrète. gardez toujours le silence;
et. quoi qu'il advienne cette nuit, confiez-le à votre

réflexion, mais pas à votre langue; je récompenserai
vos dévouements. Ainsi, adieu. Sur la plate-forme,
entre onze heures et minuit. J'irai vous voir.

TOUS.

Nos hommages à Votre Seigneurie. (Ils sortent.)

HAMLET.

Votre amitié! à moi votre amitié, comme la mienne
à vous! Adieu! L'esprit de mon père en armes! Ah!
tout cela va mal! Je soupçonne quelque hideuse tragédie. Que la nuit n'est-elle déjà venue! Jusque-là,
reste calme, mon âme. Les noires actions, fussent-
elles couvertes par le monde entier, se dresseront
aux yeux des hommes. (Il sort.)

SCÈNE II.

(Une chambre dans la maison de Corambis.)

Entrent LÉARTES et OPHÉLIA.

LÉARTES.

Mes bagages sont embarqués; il faut que j'aille à
bord. Mais, avant que je parte, réfléchis bien à ce
que je te dis. Je vois que le prince Hamlet te fait des
démonstrations d'amour. Prends garde, Ophélia; ne

te fie pas à ses serments : peut-être aujourd'hui
t'aime-t-il. et sa langue parle-t-elle du cœur; mais
pourtant fais attention, ma sœur. La vierge la plus
chiche est assez prodigue si elle démasque sa beauté
pour la lune; la vertu même n'échappe pas aux ca-
lomnieuses pensées. Crois-moi, Ophélia, tiens-toi
hors de portée. de peur qu'il ne jette à bas ton honneur et ta réputation.

OPHÉLIA.

Frère, je vous ai prêté une oreille attentive. et je
suis bien résolue à garder ferme mon honneur. Mais.
mon cher frère, ne faites pas comme ce sophiste
retors qui enseigne le sentier et le plus court chemin
du ciel, tandis que lui-même, insouciant libertin.
satisfait pleinement les appétits de son cœur, sans
se soucier beaucoup que son honneur périsse.

LÉARTES.

Non, n'aie pas peur de cela, ma chère Ophélia.
Voici mon père. L'occasion sourit à de seconds
adieux. (Entre Corambis.)

CORAMBIS.

Encore ici, Léartes? A bord! à bord! Quelle honte!
Le vent est assis sur l'épaule de votre voile, et l'on
vous attend. Voici ma bénédiction. Et puis ces quelques préceptes pour ta mémoire : Sois familier,

mais nullement vulgaire: quand tu as adopté et
éprouvé un ami, accroche-le à ton âme avec un
anneau d'acier, mais ne durcis pas ta main au con-
tact de chaque nouveau camarade frais éclos. Garde-
toi d'entrer dans une querelle, mais une fois dedans,
comporte-toi de manière que l'adversaire se garde
de toi. Que ton vêtement soit aussi coûteux que ta
bourse te le permet, sans être de mode excentrique;
car le vêtement révèle souvent l'homme. Et, en
France, les gens de qualité et du meilleur rang ont
sous ce rapport le goût le plus exquis et le plus
digne. Avant tout, sois loyal envers toi-même; et,
aussi infailliblement que la nuit suit le jour, tu ne
pourras être déloyal envers personne. Adieu. Que
ma bénédiction soit avec toi.

LEARTES.

Je prends humblement congé de vous. Adieu,
Ophélia, et souvenez-vous bien de ce que je vous ai
dit. (Il sort.)

OPHÉLIA.

Tout est fermé dans mon cœur, et vous en garde-
rez vous-même la clef.

CORAMBIS.

Que vous a-t-il dit, Ophélia?

OPHÉLIA.

Quelque chose touchant le seigneur Hamlet.

CORAMBIS.

Bonne idée, pardieu! On m'a donné à entendre que vous aviez été trop prodigue de votre virginale présence envers le prince Hamlet. S'il en est ainsi, et l'on me l'a confié par voie de précaution, je dois vous dire que vous ne comprenez pas bien vous-même ce qui sied à mon honneur et à votre renom.

OPHÉLIA.

Monseigneur, il m'a fait maintes offres de son amour.

CORAMBIS.

Des offres! oui, oui, vous pouvez appeler cela des offres.

OPHÉLIA.

Et avec des serments si sérieux!

CORAMBIS.

Piéges à attraper des grues. Quoi! ne sais-je pas, alors que le sang brûle, avec quelle prodigalité l'âme prête des serments à la langue? Bref, soyez plus avare de votre virginale présence, ou en vous donnant ainsi, vous me donnerez pour un niais.

OPHÉLIA.

Je vous obéirai, monseigneur, de tout mon pos-sible.

CORAMBIS.

Ophélia, ne recevez plus ses lettres, car les lignes d'un amant sont un filet pour attraper le cœur. Refusez les présents, autant de clefs pour ouvrir la chasteté du désir. Rentrez, Ophélia !

OPHÉLIA.

Je rentre, monseigneur.

V.

HAMLET sur la scène avec les DEUX SOLDATS
qui lui montrent le fantôme de son père.

Regardez, monseigneur. le voilà !

HAMLET.

Anges, ministres de grâce, défendez-nous ! Qui que tu sois, esprit salutaire ou lutin damné, que tu apportes avec toi les brises du ciel ou les rafales de l'enfer, que tes intentions soient perverses ou charitables, tu te présentes sous une forme si provoquante. que je veux te parler. Je t'invoque, Hamlet, sire, mon père, royal Danois. Oh ! réponds-moi ! ne me laisse

pas déchirer par le doute; mais dis-moi pourquoi
tes os sanctifiés, ensevelis dans la mort, ont déchiré
leur suaire; pourquoi le sépulcre où nous t'avons vu
enterré en paix a desserré ses lourdes mâchoires de
marbre pour te rejeter dans ce monde. Que signifie
ceci? Pourquoi toi, corps mort, viens-tu, tout couvert d'acier, revoir ainsi les clairs de lune et rendre
effrayante la nuit? Et nous, bouffons de la nature,
pourquoi ébranles-tu si horriblement notre imagination par des pensées inaccessibles à nos âmes? Dis,
parle, pourquoi? que veut dire cela?

HORATIO.

Il vous fait signe, comme s'il avait quelque chose
à vous communiquer, à vous seul.

MARCELLUS.

Voyez avec quel geste courtois il vous appelle vers
un lieu plus écarté. Mais n'allez pas avec lui.

HORATIO.

Non, gardez-vous-en bien.

HAMLET.

Il ne veut pas parler ici; alors, je veux le suivre.

HORATIO.

Eh quoi! monseigneur, s'il allait vous attirer vers

les flots ou sur la cime effrayante de ce rocher qui s'avance au-dessus de sa base dans la mer, et là prendre quelque autre forme horrible pour détruire en vous la souveraineté de la raison et vous jeter en démence? Songez-y.

HAMLET.

Il m'appelle encore... Va, je te suis.

MARCELLUS.

Vous n'irez pas, monseigneur.

HAMLET.

Pourquoi? Qu'ai-je à craindre? Je n'estime pas ma vie au prix d'une épingle. Et, quant à mon âme, que peut-il lui faire, puisqu'elle est immortelle comme lui-même? Va, je te suis.

HORATIO.

Monseigneur. soyez raisonnable; vous n'irez pas.

HAMLET.

Ma fatalité me hèle et rend ma plus petite artère aussi robuste que les muscles du lion néméen. Il m'appelle encore... Lâchez-moi, messieurs. Par le ciel, je ferai un spectre de qui m'arrêtera! Arrière, vous dis-je!... Marche, je te suis.

HORATIO.

L'imagination le rend furieux.

MARCELLUS.

Il y a quelque chose de pourri dans l'empire du Danemark.

HORATIO.

Allons sur ses pas. A quelle issue aboutira ceci?

MARCELLUS.

Suivons-le : il n'est pas prudent de lui obéir à ce point. *(Ils sortent.)*

SCÈNE V.

(Une autre partie de la plate-forme.)

Entrent LE SPECTRE *et* HAMLET.

HAMLET.

Je n'irai pas plus loin : où veux-tu me conduire?

LE SPECTRE.

Écoute-moi bien.

HAMLET.

J'écoute.

LE SPECTRE.

Je suis l'esprit de ton père, condamné pour un temps à errer la nuit, et, tout le jour, à être enfermé dans un feu ardent jusqu'à ce que la flamme m'ait purgé des crimes noirs commis aux jours de ma vie mortelle.

HAMLET.

Hélas! pauvre ombre!

LE SPECTRE.

Ne me plains pas: mais à mes révélations prête une oreille attentive. S'il ne m'était pas interdit de dire les secrets de ma prison, je ferais un récit dont le moindre mot labourerait ton âme, glacerait ton jeune sang, ferait sortir de leur sphère tes yeux comme deux étoiles, déferait le nœud de tes boucles tressées, et hérisserait chacun de tes cheveux sur ta tête comme des piquants sur un porc-épic furieux. Mais ces descriptions ne sont pas faites pour des oreilles de chair et de sang. Hamlet, si tu as jamais aimé ton tendre père...

HAMLET.

O Dieu!

LE SPECTRE.

Venge-le d'un meurtre horrible et monstrueux !

HAMLET.

D'un meurtre !

LE SPECTRE.

Oui, d'un meurtre horrible au plus haut degré ; le moindre est bien coupable, mais celui-ci fut le plus horrible, le plus bestial, le plus monstrueux.

HAMLET.

Fais-le-moi vite connaître, pour qu'avec des ailes rapides comme l'idée ou la pensée du but je vole à la vengeance.

LE SPECTRE.

Tu es prêt, je le vois. Sinon, tu serais plus inerte que la ronce qui s'engraisse et pourrit à l'aise sur la rive du Léthé. Soyons bref. On a fait croire que, tandis que je dormais dans mon jardin, un serpent m'avait piqué. Ainsi, toutes les oreilles du Danemark ont été grossièrement abusées par un récit forgé de ma mort. Mais sache-le, toi, noble jeune homme, celui qui a mordu le cœur de ton père porte aujourd'hui sa couronne.

HAMLET.

Oh ! mon âme prophétique ! mon oncle ! mon oncle !

LE SPECTRE.

Oui, lui. Ce misérable incestueux a, par des dons,
entraîné à ses désirs (oh ! maudits soient les désirs et
les dons qui ont le pouvoir de séduire ainsi !) entraîné
ma reine, la plus vertueuse des femmes en apparence. Mais, ainsi que la vertu reste toujours iné-
branlable, même quand le vice la courtise sous une
forme céleste, de même la luxure, bien qu'accouplée
à un ange rayonnant, aura beau s'assouvir sur un
lit divin, elle n'aura pour proie que l'immondice.
Mais doucement, il me semble que je respire la brise
du matin. Abrégeons. Je dormais dans mon jardin,
selon mon habitude constante, dans l'après-midi. A
cette heure de pleine sécurité, ton oncle vint près de
moi avec une fiole pleine du jus de la jusquiame,
et me versa dans le creux de l'oreille la liqueur lé-
preuse. L'effet en est funeste pour le sang de l'homme :
rapide comme le vif-argent, elle s'élance à travers les
portes et les allées naturelles du corps, et fait tourner le sang le plus limpide et le plus pur, comme une
goutte d'acide fait du lait. Ainsi, elle couvrit partout
de lèpre la surface lisse de mon corps. Voilà comment,
dans mon sommeil, la main d'un frère m'ôta à la fois
couronne, reine, existence, dignité, sans que je me
fusse mis en règle. J'ai été envoyé dans mon tom-

beau, ayant tous mes comptes et tous mes péchés sur
ma tête. Oh! horrible! bien horrible!

HAMLET.

O Dieu!

LE SPECTRE.

Si tu n'es pas dénaturé, ne supporte pas cela :
mais quoi que tu fasses, que ton cœur ne complote
rien contre ta mère. Abandonne-la au ciel et au poids
que sa conscience porte! Il faut que je parte! Le ver
luisant annonce que le matin est proche, et commence
à pâlir ses feux impuissants. Hamlet, adieu, adieu,
adieu! souviens-toi de moi.

« Maudite fatalité! » s'écrie Hamlet, après avoir
fait jurer le silence à Marcellus et Horatio. « maudite fatalité! est-il possible que je sois né pour tout
remettre en ordre! »

La scène sixième n'est qu'un récit élégiaque touchant, dans lequel Ophélia raconte en gémissant à
son père la rencontre qu'elle a faite d'Hamlet, devenu
comme un insensé.

OPHELIA.

O jeune prince Hamlet, fleur unique du Danemark!
le voilà dépouillé de tous ses biens! Le joyau qui
ornait le plus sa physionomie est volé, emporté! Sa

raison enlevée! Il m'a trouvée me promenant toute
seule dans la galerie; il est venu à moi, le regard
égaré, les jarretières traînant, les souliers dénoués,
et il a si fermement fixé ses yeux sur mon visage
qu'ils semblaient avoir juré que ce fût là leur objet
suprême. Il est resté ainsi quelque temps, puis il
m'a saisie par le poignet, et il m'a serré le pouls jusqu'au moment où, avec un soupir, il a lâché prise;
et il s'est éloigné silencieux comme le milieu de la
nuit. Quand il s'en est allé, ses yeux étaient toujours
sur moi; car il regardait par-dessus son épaule, et
semblait trouver le chemin sans y voir, car il a fran-
chi les portes sans l'aide de ses yeux, et il m'a quittée.

Remarquez combien ce rôle en apparence inutile
d'Ophélia est admirablement inventé pour mêler le
pathétique de la pitié à l'horreur de la vengeance!

Le père d'Ophélia déclare au roi qu'Hamlet est
fou, et il lui propose de le rendre témoin de sa folie
en le lui montrant tête-à-tête avec sa fille. Le roi
accepte et se cache. Ophélia, un livre à la main, se
promène dans une galerie du palais. Hamlet la rencontre et lui tient un langage en apparence insensé,
mais dont chaque strophe finit par ce mot cruel :
Va dans un couvent ! Il répète sept fois cette absur-
dité apparente à sa maîtresse éplorée. On voit que
sous ces paroles il couve une allusion vengeresse
contre la demi-complicité de sa mère. Mais Ophélia
ne peut le comprendre et tombe dans le désespoir.

« Oh ! malheur sur moi, » dit-elle, « avoir vu ce
que j'ai vu et voir ce que je vois ! »

Puis entre en scène une troupe de comédiens
qu'on a fait venir pour rasséréner son esprit. Ici le
drame dégénère en comique ; il est plein d'allusions
bouffonnes à une troupe de comédiens enfants dont
Londres rafolait alors, et qui rivalisaient avec les
comédiens de la Cité, dont Shakspeare, auteur et
acteur, faisait partie. Cependant Hamlet même, au
milieu de ces bouffonneries déplacées, garde toujours
la pensée secrète de son vrai rôle.

Il finit par une imprécation philosophique contre
lui-même. On y sent combien il souffre de se sentir
une destinée tragique imposée par le besoin de venger
son père.

« Je voudrais être seul un moment. »

On se retire.

HAMLET, seul.

Ah ! niais de basse-cour, rustre que je suis ! Quoi !
voici un comédien qui vous arrache les larmes des
yeux, pour Hécube ! Que lui est Hécube et qu'est-il
à Hécube ? Que ferait-il donc s'il avait perdu ce que
j'ai perdu ? s'il avait eu son père assassiné, sa couronne volée ? Il changerait toutes ses larmes en

gouttes de sang, il étourdirait les assistants de ses
lamentations, il frapperait de stupeur les oreilles
judicieuses, confondrait les ignorants, rendrait muets
les sages, et ferait partager par tous sa passion. Et
moi, pourtant, espèce d'âne et de Jeannot rêveur,
moi dont le père a été égorgé par un scélérat, je me
tiens tranquille et je laisse passer cela. Ah! lâche
que je suis! Qui veut me tirer par la barbe ou me
tordre le nez, me jeter un démenti par la gorge en
pleine poitrine? Pour sûr, je garderais la chose. Il
faut que je n'aie pas de fiel! autrement j'aurais en-
graissé tous les milans du ciel avec les entrailles de
ce drôle! Damné scélérat! traître! luxurieux! meurtrier scélérat! Oui-da, il est brave à moi, le fils de ce
père chéri, de me borner, comme une coureuse,
comme un marmiton, à ces invectives!... En campagne, ma cervelle! J'ai entendu dire que des créatures coupables, assistant à une pièce de théâtre,
ont été amenées par l'action seule de la scène à
avouer un meurtre commis longtemps auparavant.
L'esprit que j'ai vu pourrait bien être le démon : et
peut-être, abusant de ma faiblesse et de ma mélancolie. grâce au pouvoir qu'il a sur des hommes
comme moi, cherche-t-il à me damner. Je veux avoir
des preuves plus fortes. Cette pièce est la chose où
j'attraperai la conscience du roi. (Il sort.)

VI

La scène suivante met en action Hamlet et les comédiens. Il commence par leur adresser dans la coulisse une recommandation admirable de bon sens sur la récitation défectueuse des mauvais acteurs. C'est une page qui ne déparerait ni Pope ni Addison, ni les meilleurs critiques anglais au siècle qui suivit le sien.

Puis il adresse tout bas à Horatio, son confident, l'instante prière de ne pas perdre de vue le roi au moment où on jouera une pièce qui rappelle beaucoup le meurtre du roi, son père.

« — Je tiendrai, » lui dit-il, « mes yeux attachés sur son visage, et s'il ne se trouble pas, s'il ne pâlit pas, oh ! alors l'apparition que nous avons vue n'est qu'une œuvre de l'enfer. »

VII

Les comédiens jouent : celui qui fait le rôle du meurtrier méditant son forfait déclame :

LE MEURTRIER, sur le second théâtre.

Noires pensées, bras dispos, drogue prête, heure favorable.
L'occasion complice ; pas une créature qui regarde.
Mixture infecte, extraite de ronces arrachées à minuit,
Trois fois flétrie, trois fois empoisonnée par l'imprécation
     d'Hécate.
Que ta magique puissance, que tes propriétés terribles
Chassent immédiatement la santé et la vie.

(Il sort.)

HAMLET.

Il l'empoisonne pour lui prendre ses États.

LE ROI se lève en furie.

Des lumières ! Je vais au lit.

CORAMBIS.

Le roi se lève. Des lumières, holà ! (Sortent le roi et
les seigneurs.)

HAMLET.

Quoi ! effrayé par des feux follets ? Allons !

> Que le daim blessé fuie et pleure,
>   Le cerf épargné folâtre,
> Les uns doivent rire et les autres pleurer,
>   Et ainsi va le monde !

HORATIO, à Hamlet.

Le roi est troublé, monseigneur.

HAMLET, à Horatio.

Oui, maintenant, Horatio, je tiendrais sur la parole de l'apparition plus d'or qu'il n'y en a dans tout le Danemark.

Et si le roi n'aime pas la tragédie,
C'est sans doute qu'il ne l'aime pas, pardi!

UN COURTISAN, à Hamlet.

Monseigneur, votre mère vous supplie de venir lui parler.

HAMLET.

Nous lui obéirons, fût-elle dix fois notre mère.

Ici, dialogue avec le courtisan; questions et réponses d'Hamlet, en apparence sans aucun sens, en réalité très-mordantes et pleines d'allusions envenimées, de manière que le spectateur entende une folie et comprenne une menace.

VIII

Le roi entre dans une chambre du château. Il s'y croit seul avec son remords.

SCÈNE X.

LE ROI.

Oh! si ces larmes qui tombent sur ma face pouvaient laver ma conscience d'un crime! quand je lève
les yeux au ciel, j'y vois ma faute. La terre crie à
mon forfait : Paye-moi le meurtre du roi ton frère et
l'adultère que tu as commis! Oh! ce sont des péchés
impardonnables. Ah! dites! quand mes péchés seraient plus noirs que le jais, la contrition pourrait
encore les rendre blancs comme la neige. Mais si je
persévère dans le péché, ce sera un acte de révolte
contre l'universelle puissance. Courbe-toi, malheureux, plie-toi à la prière, demande grâce au ciel pour
échapper au désespoir! (Il s'agenouille.)

Entre HAMLET.

HAMLET.

Oui, c'est cela, approche et achève ton œuvre.
Ainsi il meurt et je suis vengé. Non, pas ainsi. Il a
surpris mon père endormi, gorgé de péchés; et qui
sait, hormis les puissances immortelles, comment
son âme s'est présentée dans l'empire des cieux? Et
moi, tuerai-je celui-ci maintenant, au moment où il

purifie son âme? Lui ouvrir le chemin du ciel, c'est
un bienfait et non une vengeance. Non, qu'il se re-
lève! Quand il sera en train de jouer, de jurer, de
faire une orgie, de boire, ou dans les plaisirs incestueux de son lit, ou occupé d'une action qui n'ait pas
même l'arrière-goût du salut, alors, culbutons-le, de
façon que ses talons ruent vers le ciel, et qu'il tombe
aussi bas que l'enfer. Ma mère m'attend. Ce remède-
là ne fait que prolonger ton agonie. (Hamlet sort.)

LE ROI.

Mes paroles s'envolent : mes péchés restent en bas.
Nul roi n'est en sûreté, s'il a Dieu pour ennemi.
(Le roi sort.)

SCÈNE XI.

[La chambre de la reine.]

Entrent LA REINE et CORAMBIS.

CORAMBIS.

Madame, j'entends venir le jeune Hamlet; je vais
me cacher derrière la tapisserie.

LA REINE.

Faites, monseigneur. (Sort Corambis.)

Entre HAMLET.

HAMLET.

Ma mère! mère! où êtes-vous? qu'avez-vous, mère?

LA REINE.

Qu'avez-vous?

HAMLET.

Je vous le dirai, mais d'abord prenons bien nos
précautions.

LA REINE.

Hamlet, tu as gravement offensé ton père.

HAMLET.

Mère, vous avez gravement offensé mon père.

LA REINE.

Comment, enfant?

HAMLET.

Comment, mère? Venez ici, asseyez-vous, car vous
m'entendrez parler.

LA REINE.

Que veux-tu faire? veux-tu pas m'assassiner? Au
secours, holà!

CORAMBIS.

Au secours!

HAMLET.

Ah! un rat! il n'aura pas longtemps à vivre. Corambis. Un ducat qu'il est mort! Impudent! indiscret imbécile! adieu! je t'ai pris pour un plus grand que toi.

LA REINE.

Hamlet! qu'as-tu fait?

HAMLET.

Quelque chose de moins coupable. bonne mère. que de tuer un roi et d'épouser son frère.

LA REINE.

Comment! de tuer un roi?

HAMLET.

Oui. un roi. Çà. asseyez-vous, et avant que vous partiez. si vous n'êtes pas fait d'étoffe impénétrable. je vous ferai regarder dans votre cœur et voir comme il est noir et horrible.

LA REINE.

Hamlet! que veux tu dire par ces mots meurtriers?

HAMLET.

Eh bien ! je veux dire ceci. Tenez, examinez cette
peinture : c'est le portrait de votre défunt mari.
Voyez cette face, qui efface celle même de Mars, cet
œil qui faisait trembler l'ennemi, ce front où sont in-
scrites toutes les vertus propres à orner un roi et à
dorer une couronne. En lui le dévouement marchait
la main dans la main avec la foi conjugale ! Et il est
mort ! assassiné, odieusement assassiné. C'était votre
mari ! Regardez ici maintenant : c'est votre mari !
Un visage comme Vulcain, le regard du meurtre et
du viol, un regard baissé et funèbre ; des yeux de
démon, faits pour effrayer les enfants et étonner le
monde ! et vous avez quitté celui-là pour prendre
celui-ci. Quel diable vous a ainsi attrapée à colin-
maillard ? Ah ! vous avez des yeux, et vous pouvez
regarder celui qui a tué mon père, votre cher mari,
et vivre dans les plaisirs incestueux de son lit !

LA REINE.

O Hamlet ! ne parle plus !

HAMLET.

Quitter celui qui portait l'âme d'un monarque
pour un roi de tréteaux et de chiffons !

LA REINE.

Cesse, mon doux Hamlet !

HAMLET.

Et tout cela pour mener une vie continuelle de péché, pour suer sous le joug de l'infamie, pour avoir une postérité de honte et sceller la damnation.

LA REINE.

Hamlet, assez!

HAMLET.

Ah! le désir chez vous bat la campagne, votre sang a des retours de jeunesse. Qui blâmera dans un cœur de vierge l'ardeur du sang, lorsque la luxure remplit ainsi le sein d'une matrone?

LA REINE.

Hamlet, tu me brises le cœur en deux.

HAMLET.

Oh! rejetez-en la mauvaise moitié, et gardez la bonne. (Sauf le spectre dans sa robe de nuit.) Sauvez-moi! sauvez-moi, vous, gracieuses puissances de là-haut, et couvrez-moi de vos ailes célestes! Ne venez-vous pas gronder votre fils tardif d'avoir différé si longtemps la vengeance? Oh! ne m'éclairez pas de vos regards douloureux, de peur que mon cœur de pierre ne cède à la compassion et que toutes les parties de mon être qui doivent aider à la vengeance ne perdent leur force et ne succombent à la pitié.

LE SPECTRE.

Hamlet! Je t'apparais encore une fois pour te rappeler ma mort. Ne diffère pas, n'attends pas plus longtemps. Mais j'aperçois que tes regards effarés épouvantent ta mère, et qu'elle reste interdite. Parle-lui, Hamlet, car elle est d'un sexe faible; console ta mère, Hamlet, pense à moi.

HAMLET.

Qu'avez-vous, madame?

LA REINE.

Non, qu'avez-vous vous-même? Pourquoi vos yeux sont-ils fixés dans le vide, et échangez-vous des paroles avec ce qui n'est que de l'air?

HAMLET.

Comment! vous n'entendez rien?

LA REINE.

Non.

HAMLET.

Et vous ne voyez rien?

LA REINE.

Non plus.

HAMLET.

Non? tenez, regardez le roi mon père, mon père.
vêtu comme de son vivant. Regardez comme il est
pâle! Tenez! le voilà qui glisse hors du portail! regardez, il s'en va. (Le spectre sort.)

LA REINE.

Hélas! c'est la faiblesse de ton cerveau qui fait que
ta langue décrit le chagrin de ton cœur: mais, aussi
vrai que j'ai une âme, je jure par le ciel que je n'ai
jamais rien su de cet horrible meurtre : Hamlet, ceci
n'est que de l'imagination; par amour pour moi, oublie ces vaines visions.

HAMLET.

Vaines! non, ma mère; mon pouls bat comme le
vôtre; ce n'est pas la folie qui possède Hamlet.
O ma mère, si vous avez jamais aimé mon père chéri.
renoncez pour cette nuit au lit adultère ; triomphez
de vous-même petit à petit; et un jour viendra peut-
être où vous n'aurez pour lui que du dégoût. Alors,
mère, aidez-moi à me venger de cet homme, et votre infamie mourra par sa mort.

LA REINE.

Hamlet, je le jure par cette majesté. qui connaît
nos pensées et voit dans nos cœurs, je cacherai, j'ac-

capterai, j'exécuterai de mon mieux le stratagème, quel qu'il soit, que tu imagineras.

HAMLET.

Cela suffit. Ma mère, bonne nuit. Allons, monsieur, je vais vous pourvoir d'un tombeau, vous qui, vivant, étiez un drôle si niais et si bavard. (Hamlet sort entraînant le cadavre.)

SCÈNE XII.

(La salle d'État dans le château.)

Entrent LE ROI, LA REINE et LES SEIGNEURS.

LE ROI.

Eh bien! Gertrude, que dit notre fils? comment l'avez-vous trouvé?

LA REINE.

Hélas! monseigneur, furieux comme la mer. Dès qu'il est venu, j'ai commencé par lui parler nettement, mais alors il m'a renversée et m'a secouée comme s'il oubliait que j'étais sa mère. A la fin, j'ai appelé au secours : à mon appel Corambis a crié. A peine Hamlet l'a-t-il entendu qu'il a fait siffler son épée en criant : Un rat! un rat! et, dans sa rage, il a tué le bon vieillard.

Le roi ordonne qu'Hamlet soit embarqué pour
l'Angleterre où le roi, son allié, le fera mourir.
« Lui, une fois mort, eh bien! notre empire sera
délivré ! »

SCÈNE XIV.

LA REINE.

Puissances célestes, veillez sur mon Hamlet! Mais
la mort du vieux Corambis par sa main a détruit la
raison d'Ophélia. Oh! voyez-la qui vient.

OPHÉLIA, les cheveux épars, entre en chantant et en portant un
luth.

Comment puis-je distinguer votre amoureux
    D'un autre homme?
— A son chapeau de coquillage, à son bâton,
    A ses sandales.

Son linceul blanc comme la neige des monts
    Est garni de fleurs suaves,
Il est allé au tombeau sans recevoir la pluie
    Des larmes de son amoureuse.

Il est mort et parti, madame!
    Il est mort et parti!
A sa tête une motte de gazon vert,
    A ses talons une pierre.

LE ROI.

Comment vous trouvez-vous donc, Ophélia?

OPHÉLIA.

Bien. Dieu vous récompense! Je souffre seulement
de voir comme ils l'ont mis dans la froide terre. Je
ne puis m'empêcher de pleurer.

> Et ne reviendra-t-il pas?
> Et ne reviendra-t-il pas?
> Non, non, il est parti,
> Et nous perdons nos cris,
> Et il ne reviendra jamais.
> Sa barbe était blanche comme neige,
> Haute était sa tête.
> Il est parti! il est parti!
> Et nous perdons nos cris.
> Dieu ait pitié de son âme!

(Elle sort.)

LE ROI.

Belle infortunée! En voilà un changement, en vérité! O temps! comme nos joies s'enfuient vite! Le
bonheur ne s'apprivoise pas sur la terre! Aujourd'hui
nous vivons et nous rions, demain morts! Eh bien!
quel bruit entends-je?

Ici entre LÉARTES, fils du vieux courtisan assassiné, revenant
de France.

LÉARTES.

O roi vil! rends-moi mon père! Parle, dis-moi où
est mon père!

LE ROI.

Mort!

LÉARTES.

Qui l'a assassiné? Parle! Je ne veux pas de jongle-
rie avec moi, car il a été assassiné!

LA REINE.

C'est vrai, mais pas par lui.

LÉARTES.

Par qui? Par le ciel! je le saurai.

LE ROI.

Lâchez-le, Gertrude! Arrière! Je ne le crains pas;
une telle divinité entoure un roi, que la trahison
n'ose pas le regarder en face. Lâchez-le, Gertrude...
Que votre père a été assassiné, cela est vrai, et nous
en sommes désolé, car il était le principal pilier de
notre empire. Est-ce une raison pour que, comme un
joueur désespéré, vous vouliez, par un coup suprême, ruiner amis et ennemis?

LÉARTES.

Ses bons amis, je les recevrai à bras tout grands
ouverts, et je les enfermerai dans mon cœur; mais
avec ses ennemis, je ne veux de réconciliation que
par le sang.

LE ROI.

Ah! voilà que vous parlez comme un fils excellent.
Nous sommes désolé dans l'âme de sa mort; vous
en aurez vous-même la preuve avant longtemps. Jusque-là, soyez patient et résignez-vous.

Entre OPHÉLIA, vêtue comme tout à l'heure.

LÉARTES.

Qui est-ce? Ophélia! ô ma sœur chérie! Est-il
possible que la raison d'une jeune fille soit aussi
mortelle que la vie d'un vieillard? O cieux! comment te trouves-tu, Ophélia?

OPHÉLIA.

Bien. Dieu vous garde! Je viens de cueillir des
fleurs. Tenez, voici de la rue pour vous. Vous pouvez l'appeler herbe de grâce les dimanches; en voici
aussi pour moi; vous devez porter votre rue avec
quelque chose qui la varie : voici une pâquerette.
Tenez, amour, voici pour vous du romarin comme
souvenir : de grâce, amour, souvenez-vous; et voici
une pensée en guise de pensée.

LÉARTES.

Leçon donnée par la folie! les pensées près du souvenir! ô Dieu! ô Dieu!

OPHÉLIA.

Voici du fenouil pour vous; j'aurais bien voulu vous donner des violettes, mais elles se sont toutes fanées quand mon père est mort. Hélas! on dit que la chouette a été jadis la fille d'un boulanger. Nous voyons ce que nous sommes, mais nous ne pouvons dire ce que nous serons.

Car le bon cher Robin est toute ma joie.

LÉARTES.

Afflictions de la pensée, tourments pires que l'enfer.

OPHÉLIA.

Eh bien, amour, je vous prie, pas un mot sur ceci, maintenant. De grâce, chantez :

A bas! à bas!

C'est l'histoire de la fille du roi et de l'intendant traître. Et si quelqu'un demande ce que c'est, dites ceci :

> Bonjour! c'est la Saint-Valentin.
> Tous sont levés de grand matin.
> Me voici, vierge, à votre fenêtre,
> Pour être votre Valentine.
> Le jeune homme se leva et mit ses habits,
> Et ouvrit la porte de sa chambre,
> Et vierge, elle y entra et puis onques vierge
> Elle n'en sortit.

Maintenant, attention, je vous prie.

> Par saint Gilles! par sainte charité!
> Arrière! ah! fi! quelle honte!
> Tous les jeunes gens font ça quand ils en viennent là!
> Par Priape, ils sont à blâmer.
> Avant de me chiffonner, dit-elle,
> Vous me promîtes de m'épouser.
> — C'est ce que j'aurais fait, par ce soleil, là-bas,
> Si tu n'étais venue dans mon lit.

Sur ce, que Dieu soit avec vous tous! Adieu, mesdames. Adieu, mon amour. (Ophélia sort.)

LÉARTES.

Douleur sur douleur! Mon père assassiné, ma sœur ainsi rendue folle. Maudite soit l'âme qui a fait cette criminelle action !

LE ROI.

Ayez un peu de patience, bon Léartes. Je sais que votre douleur est un torrent qui déborde de chagrins, mais attendez un peu, et pensez que déjà vous êtes vengé de celui qui a fait de vous un fils si malheureux.

LÉARTES.

Vous m'avez décidé, monseigneur. J'essayerai quelque temps d'enterrer mon désespoir dans la tombe de ma colère; mais une fois qu'elle sera ressuscitée, le monde apprendra que Léartes avait un père qu'il adorait.

LE ROI.

Plus un mot sur ceci. Avant peu de jours, vous apprendrez ce à quoi vous ne songez pas. (Tous sortent.)

IX

Cependant la perfidie du roi a été trompée par le ciel. Le prince, arrêté en mer par des corsaires, a découvert qu'on l'envoie pour mourir en Angleterre. Il y fait conduire à sa place les deux courtisans chargés du message meurtrier. Ils y périront au lieu de lui. Il revient en Danemark, se cache aux portes de la capitale et fait avertir secrètement Horatio, qui avertit lui-même la reine, mère d'Hamlet, et la prépare à trahir son second époux, comme elle avait trahi le premier, avec une versatilité digne de cette nature ondoyante.

X

Le roi cause avec Léartes et feint de se confier à lui pour se débarrasser d'Hamlet.

Ici le dénoûment est évidemment étranglé.

Léartes fait semblant de partager la haine du roi
contre Hamlet. Le roi lui dit de se mesurer avec
Hamlet dans un combat au fleuret.

LE ROI.

Je parierai pour Hamlet, et vous l'avantagerez,
afin d'augmenter son désir de tenter la victoire. Je
parierai que sur douze bottes vous n'en prendrez pas
trois de plus que lui. Ceci étant convenu, quand vous
serez échauffés, au milieu de l'assaut, vous prendrez
parmi les fleurets une épée affilée, trempée dans un
mélange empoisonné si terrible, que, si une seule
goutte de sang coule de n'importe quelle partie de
son corps, il est sûr de mourir. Vous pouvez faire
cela sans vous exposer au soupçon, et sans que l'ami
le plus cher d'Hamlet tienne jamais Léartes pour
suspect.

LÉARTES.

Monseigneur, votre idée me plaît : mais si le seigneur refuse cet assaut?

LE ROI.

Je vous garantis que non. Nous ferons de vous un
rapport si extraordinaire, que nous l'engagerons, fût-
ce malgré lui. Et de peur que tout cela ne manque,
je tiendrai prête une potion qui, lorsqu'il demandera

à boire dans la chaleur du combat, fera sa fin et notre bonheur.

LÉARTES.

Voilà qui est excellent. Oh! que le moment n'est-il venu! Voici venir la reine.

Entre LA REINE.

LE ROI.

Eh bien! Gertrude, pourquoi cet air accablé?

LA REINE.

Oh! monseigneur, la jeune Ophélia, ayant fait une guirlande de diverses sortes de fleurs, était assise sur un saule près d'un ruisseau; la tige envieuse s'est cassée, et elle est tombée dans le ruisseau; pendant quelque temps ses vêtements, étalés autour d'elle, ont soutenu la jeune dame; elle est restée ainsi souriant, comme une sirène, entre le ciel et la terre, chantant maintes vieilles chansons, comme insensible à sa détresse. Mais cela n'a pas pu durer longtemps : ses vêtements, alourdis par ce qu'ils avaient bu, ont traîné la douce malheureuse à la mort.

LÉARTES.

Ainsi elle est noyée. Tu n'as déjà que trop d'eau, Ophélia; je ne veux donc pas te noyer dans les

larmes. C'est la vengeance qui doit soulager mon
cœur, car le malheur enfante le malheur, et la douleur est pendue à la douleur. (Ils sortent.)

Ici la belle scène des fossoyeurs, qui a toujours
passionné le public anglais et qui répond au caractère philosophique du peuple par la profondeur et
le rude cynisme du dialogue entre les paysans qui
creusent la terre et jouent avec les crânes de leurs
amis. Ils commencent par disserter entre eux sur la
convenance ou l'inconvenance d'ensevelir Ophélia en
terre sainte comme suicidée.

« Mais avant de décider ce point délicat, va-t'en
me chercher une pinte et dis-moi qui est-ce qui
bâtit le plus solidement d'un maçon, d'un construc-
teur de navires ou d'un charpentier ? »

Hamlet intervient en compagnie d'Horatio, et il
cause avec les paysans fossoyeurs. Le dialogue est
bizarre; il atteste la folie d'un côté, la rusticité de
l'autre.

« A qui fut ce crâne ? » demande Hamlet ?

PREMIER PAYSAN.

Celui-ci? Peste soit de lui! c'était celui d'un en-
ragé farceur! Un jour il m'a versé un flacon entier

de vin du Rhin sur la tête. Ah! vous ne le reconnais-
sez pas! C'était le crâne d'un certain Yorick.

HAMLET.

Celui-ci? Laisse-le-moi voir, je t'en prie! Hélas!
pauvre Yorick! Je l'ai connu, Horatio! C'était un gar-
çon d'une gaieté infinie; il m'a porté vingt fois sur
son dos. Ici pendaient ces lèvres que j'ai baisées cent
fois! et maintenant elles me font horreur à regarder.
Où sont vos plaisanteries maintenant, Yorick? Vos
éclairs de gaieté? Allez maintenant trouver madame
dans sa chambre, et dites-lui qu'elle a beau se mettre
un pouce de fard, il faudra qu'elle en vienne à ceci,
Yorick. Horatio, je t'en prie, dis-moi une chose,
crois-tu qu'Alexandre ait eu cette mine-là?

HORATIO.

Oui, sans doute, monseigneur.

HAMLET.

Et cette odeur-là?

HORATIO.

Oui, monseigneur, justement la même.

HAMLET.

Eh bien! qui empêcherait l'imagination de raison-
ner comme ceci sur Alexandre : Alexandre est mort,

Alexandre a été enterré, Alexandre est devenu terre ; avec la terre nous faisons de l'argile, et Alexandre n'étant plus qu'argile, qui empêche que, par l'effet du temps, il n'arrive à fermer le trou d'un baril de bière ?

> L'impérial César, une fois mort et changé en boue,
> Pourrait boucher un trou et arrêter le vent du dehors.

Entrent LE ROI, LA REINE, LÉARTES, DES SEIGNEURS, UN PRÊTRE suivant un cercueil.

HAMLET.

Quelles sont ces funérailles dont toute la cour se lamente ? Il faut que la morte soit d'une noble famille. Tenons-nous à l'écart un moment.

LÉARTES

Quelle cérémonie reste-t-il encore ? dites, quelle cérémonie encore ?

LE PRÊTRE.

Monseigneur, nous avons fait tout ce qui était en notre pouvoir, au delà même de ce que l'Église peut tolérer. Des prières ont été chantées pour son âme virginale, et si ce n'avait pas été par égard pour le roi et pour vous, elle eût été enterrée en plein champ, au lieu de l'être en terre sainte.

LÉARTES.

Eh bien! je te le dis, prêtre dur, ma sœur sera un ange gardien, quand tu seras dans l'abîme à hurler.

HAMLET.

La belle Ophélia morte!

LA REINE.

Des fleurs à la fleur! adieu! Je croyais orner ton lit nuptial, belle enfant, et non suivre ton cercueil.

LÉARTES.

Arrêtez la terre un moment : adieu, sœur. (Il saute dans la fosse.) Maintenant, jetez votre terre jusqu'à la hauteur de l'Olympe, et faites ici une colline qui dépasse le vieux Pélion. Quel est ce revenant? (Hamlet saute dans la fosse après Léartes.)

HAMLET.

Regarde, c'est moi, Hamlet le Danois.

LÉARTES.

Que le démon prenne ton âme!

HAMLET.

Oh! voilà une mauvaise prière. De grâce, ôte ta main de ma gorge, car il y a en moi quelque chose de dangereux que tu feras sagement de craindre. Écarte ta main. J'aimais Ophélia aussi tendrement que vingt frères. Montre-moi ce que tu es prêt à faire pour elle. Veux-tu te battre? veux-tu jeûner? veux-tu prier? veux-tu avaler des vases? manger un crocodile? J'en ferai autant. Viens-tu ici pour geindre? tu parles de t'enterrer vivant, eh bien! restons ici! et qu'on jette sur nous des monts entiers de terre, jusqu'à ce que leur entassement fasse l'Ossa comme une verrue!

LE ROI.

Retiens-toi, Léartes! Maintenant il est furieux comme la mer; tout à l'heure il sera doux et calme comme une colombe : laisse donc quelque temps carrière à son humeur égarée.

HAMLET.

Pour quelle cause me maltraitez-vous ainsi, monsieur? Je ne vous ai jamais donné de motif. Mais attendez un peu, le chat peut miauler, le chien aura sa revanche. (Hamlet et Horatio sortent.)

LA REINE.

Hélas! c'est sa folie qui le rend ainsi, et non son cœur, Léartes.

LE ROI.

C'est vrai, seigneur. Mais ne nous amusons plus.

Aujourd'hui même Hamlet videra son dernier verre.
Nous allons lui envoyer le cartel immédiatement.
Ainsi, Léartes, tenez-vous prêt.

LÉARTES.

Monseigneur, jusque-là mon âme n'aura pas de
repos.

LE ROI.

Venez, Gertrude. Nous referons de Léartes et de
notre fils les meilleurs amis du monde, comme ils
doivent l'être, s'ils ont pour nous du respect et de
l'amour pour leur pays.

LA REINE.

Dieu le veuille! (Tous sortent.)

XI

Un courtisan vient annoncer à Hamlet que le roi a
parié pour lui dans le duel au fleuret contre Léartes,
et que la cour s'assemble pour juger.
Hamlet avoue à Horatio qu'il se sent tout assombri.

« Eh bien, refusez l'épreuve, » lui dit Horatio.

HAMLET.

Non, Horatio, non. Si l'heure du danger est venue pour moi, c'est qu'elle n'est pas à venir. Il y a une providence prédestinée pour la chute d'un moineau. Voici le roi.

Entrent LE ROI, LA REINE, LÉARTES, DES SEIGNEURS.

LE ROI.

Maintenant, fils Hamlet, nous avons mis l'enjeu sur votre tète, et nous ne doutons pas que nous ne gagnions.

HAMLET.

Votre Majesté a parié du côté le plus faible.

LE ROI.

Je n'ai pas de doute. Remettez-leur les fleurets.

HAMLET.

Et d'abord, Léartes, voici ma main et mon amitié, comme preuve que je n'ai jamais outragé Léartes. Si Hamlet, dans sa folie, a mal agi, ce n'est pas Hamlet qui a agi, c'est sa folie. Tout le tort que j'ai jamais eu envers Léartes, je le proclame ici acte de folie. Faisons donc la paix, et voyez en moi un homme

qui, lançant une flèche par-dessus la maison, a blessé
son frère.

LÉARTES.

Mon cœur est satisfait; mais sur le terrain de
l'honneur je reste à l'écart, et je ne veux pas de réconciliation, jusqu'à ce que des arbitres plus âgés
m'aient déclaré satisfait.

LE ROI.

Donnez-leur des fleurets.

HAMLET.

Je vais être votre plastron, Léartes. Ces fleurets
ont tous la même longueur? En garde, monsieur.
(Ils commencent l'assaut.) Touché!

LÉARTES.

Non pas.

HAMLET.

Jugement!

UN GENTILHOMME.

Touché! très-positivement touché!

LÉARTES.

Soit! Recommençons. (Ils recommencent.)

HAMLET.

Encore une! Jugement.

LÉARTES.

Oui, j'en conviens; touché, touché!

LE ROI.

Ici, Hamlet, le roi boit à ta santé.

LA REINE.

Tiens, Hamlet, prends mon mouchoir et essuie-toi
le visage.

LE ROI.

Donnez-lui le vin.

HAMLET.

Mettez-le de côté. Je veux tirer une autre botte
d'abord, je boirai tout à l'heure.

LA REINE.

Tiens, Hamlet, la reine boit à toi. (Elle boit.)

LE ROI.

Ne buvez pas, Gertrude! Oh! c'est la coupe empoisonnée!

HAMLET.

Léartes! allons! vous vous amusez avec moi: je
vous en prie, tirez votre botte la plus savante.

LÉARTES.

Ah! vous dites cela? A vous, maintenant: je vais
vous toucher, monseigneur, et pourtant c'est presque
contre ma conscience.

HAMLET.

En garde, monsieur! (Ils échangent leurs épées. Tous deux
sont blessés. Léartes tombe. La reine tombe et meurt.)

LE ROI.

Secourez la reine!

LA REINE.

Oh! le breuvage! le breuvage! Hamlet, le breuvage!

HAMLET.

Trahison! holà! qu'on garde les portes!

LES SEIGNEURS.

Comment êtes-vous, seigneur Léartes?

LÉARTES.

Comme un niais, tué follement par ma propre

épée. Hamlet, tu n'as pas en toi une demi-heure de vie. L'arme fatale est dans ta main, démouchetée et venimeuse. Ta mère est empoisonnée, ce breuvage était préparé pour toi !

HAMLET.

L'arme empoisonnée dans ma main ! Alors, poison pour poison. Meurs, damné scélérat. Tiens, bois ! Voici qui nous unit tous deux ! tiens ! *(Le roi meurt.)*

LEARTES.

Oh ! il a ce qu'il mérite ! Hamlet, avant que je meure. tiens, prends ma main et en même temps mon amitié : je te pardonne ! *(Leartes meurt.)*

HAMLET.

Et moi aussi ! Oh ! je suis mort, Horatio, adieu !

HORATIO.

Non ! je suis plus un Romain antique qu'un Danois. Il reste encore ici du poison.

HAMLET.

Au nom de notre amour, je te somme de le jeter. Oh ! fi, Horatio ! si tu meurs, que de calomnies tu laisseras après toi ! Quelle langue pourra dire l'histoire vraie de nos morts, si ce n'est d'après ton ré-

cit? Oh! le cœur me manque, Horatio. Mes yeux ont
perdu la vue, ma langue la parole : adieu, Horatio!
Le ciel reçoive mon âme! *(Hamlet meurt.)*

Entrent VOLTEMAR *et les* AMBASSADEURS
D'ANGLETERRE.
Entre FORTINBRAS *avec sa suite.*

FORTINBRAS.

Où est ce spectacle sanglant?

HORATIO.

Si c'est un malheur ou un prodige que vous voulez
voir, regardez cette scène tragique.

FORTINBRAS.

Oh! impérieuse mort! que de princes tu as tués
tout sanglants d'un seul trait!

LES AMBASSADEURS.

Le message que nous avons rapporté d'Angleterre,
à quels princes le communiquerons-nous? O événements inattendus! Malheureux pays!

HORATIO.

Prenez patience. Je montrerai au public entier le
commencement de cette tragédie. Qu'un échafaud

soit dressé sur la place du marché, et que l'élite du monde soit là pour entendre l'histoire la plus triste que jamais mortel ait pu raconter!

XII

Voilà *Hamlet*, la tragédie de Shakspeare, qui fonda sa réputation à l'âge de vingt-deux ans.

Tous les caractères de son prodigieux génie y sont en germe, et il ne faut pas s'étonner de la vogue immense que le public anglais accorde à ce drame.

Premièrement, bien qu'un très-grand poëte, Marlow, eût imité la légende allemande de *Faust*, rajeunie et complétée depuis, de nos jours, par Goethe, une tragédie anglaise d'une immense beauté, *Hamlet*, était aussi neuve sur le théâtre de la Cité de Londres que les traditions de l'extrême nord de l'Europe.

Secondement, le drame d'Hamlet, bien que la légende française de Belleforest en eût, comme on l'a vu, fourni la première idée à Shakspeare, était entièrement inventé par l'auteur anglais. Trois grandes pensées, pensées bien profondes pour un si jeune homme, en composaient le fond :

Un roi secrètement criminel, criminel d'amour, criminel d'ambition, cachant son crime même à son épouse, et couvant sur son trône et dans son lit usurpés le remords rongeur de son double attentat découvert à la fin par un beau-fils en démence.

La faiblesse d'une femme, d'une reine qui se donne par amour au meurtrier de son premier mari, sans savoir positivement et sans vouloir approfondir si son second mariage est innocent ou coupable; qui n'est retenue à la conscience que par cet amour naturel des mères pour leurs fils, et qui ne se résout qu'en mourant à déchirer le voile transparent qui lui dérobe encore le forfait auquel elle participe presque innocemment. Situation complexe, dramatique, doublement intéressante, qui laisse pendant toute la pièce flotter le cœur du spectateur de l'horreur à la pitié, sans que le cœur puisse jamais se reposer dans une aversion ou dans une miséricorde complète.

Enfin cette feinte folie d'Hamlet, caressé par le perfide assassin de son père, soupçonnant le crime qui l'en a privé, ne voulant pas avouer ses soupçons, de peur de se dévouer lui-même à la même mort; instruit enfin par l'apparition vengeresse, n'avouant son secret qu'à quelques amis sûrs, continuant de feindre la folie pour tous les autres, et revenant, comme la vengeance divine, sur ses pas, pour subir la double fatalité de sa destinée, comme meurtrier du roi et comme victime !

Certes, voilà une tragédie tragique par elle-même et qui n'aurait pas besoin d'un poëte pour l'écrire; il suffirait qu'un poëte l'eût conçue !

XIII

Mais ici c'est le même poëte qui l'a conçue et qui l'a écrite : ajoutons : qui l'a jouée, car tous les biographes du temps s'accordent à dire que bien que Shakspeare fût un acteur médiocre, cependant il ne fut jamais égalé dans le rôle de ce fantôme d'Hamlet.

Et voyez quelle étonnante audace dans le rôle capital et fondamental de l'apparition surnaturelle de ce fantôme révélateur ! Qui aurait jamais pu connaître ce fatal secret ? L'apparition d'un fantôme en pareil cas était d'ailleurs parfaitement conforme aux idées et même aux croyances du temps. C'était le merveilleux théâtral tout autant que le merveilleux religieux, tant les spectateurs étaient convaincus d'avance de ces rapports presque quotidiens entre les deux mondes, le monde visible et le monde invisible.

Aussi voyez avec quelle infaillible confiance et avec quelle souveraine habileté le poëte crédule lui-même pose l'apparition au seuil même de son drame, et comme il en fait tout de suite hardiment le nœud de sa pièce qui attachera jusqu'à la dernière scène le spectateur. C'est le coup de génie ; c'est là qu'on reconnaît dès le premier pas l'inventeur.

XIV

A l'exception des deux ou trois scènes épisodiques
dans lesquelles le poëte, pour amuser son public et
pour railler le théâtre d'enfants qui faisait courir
Londres, sort de son sujet et donne des conseils critiques admirables à ses collègues, tout marche au
but sans déviation : c'est partout la reine perplexe
entre l'innocence et la criminalité de son second
mari, entre l'amour maternel pour Hamlet et la pitié
pour ce malheureux enfant : entre les menaces et les
tendresses de ce fils : entre l'amour et la haine du
roi. C'est partout l'aversion de ce roi contre le fils
de la reine, l'envie d'en être délivré, le désir de le
rattacher à lui et l'impossibilité de lui inspirer des
sentiments conformes à ses intérêts : enfin c'est toujours Hamlet instruit à demi par le fantôme, cherchant la vérité tout entière, la découvrant dans le
trouble du roi devant les comédiens qui lui jouent
en face son propre crime, et se décidant, quoique à
regret, à venger son père, en entraînant sa malheureuse mère dans une seconde trahison, jusqu'au
moment où tous les fils de cette quadruple conspiration se confondent, se nouent et se dénouent dans
une scène où l'espace et le jour manquent. Conspi-

ration du roi avec Léartes pour tuer Hamlet; conspiration de Léartes pour venger le meurtre aveugle de son père par Hamlet; conspiration d'Hamlet avec Horatio pour tuer le roi, et enfin conspiration de la reine contre son criminel époux et contre elle-même en buvant le poison préparé par son mari contre son fils; meurtre général où tout le monde meurt et a besoin de mourir, pour sortir de cette épouvantable situation !

XV

Mais remarquez combien le poëte est poëte, et combien il mêle de pitié à l'horrible dans ce chaos de crimes qui ne serait qu'une boucherie ignoble si une figure céleste et punie pour son innocence et pour son amour ne venait, comme un rayon de lune sur un charnier, répandre une lueur douce sur cet amas d'horreurs. Nous voulons parler d'Ophélia, de cette charmante enfant, sœur de Léartes, qui soupçonne que la folie d'Hamlet n'est pas incurable, peut-être pas même sincère, qui l'aime à tout risque, fou ou sage, qui espère toujours le ramener à la raison, et qui, lorsqu'elle en perd définitivement l'espérance, perd elle-même la raison, tombe dans le délire le plus touchant et meurt lentement ensevelie par l'eau du ruisseau, sous les branches des saules. Les ro-

mances moitié sensées, moitié folles qu'elle soupire
en mourant arrachent des larmes involontaires à tout
l'auditoire. On y sent non pas l'accent déchirant du
désespoir, mais un arrière-goût de la déception et de
la douleur, quand elle a découvert que son amant a
tué derrière la tapisserie son vertueux père, et que,
lors même qu'Hamlet recouvrerait la raison, elle ne
pourrait jamais être à lui.

Qu'on remarque aussi combien ce jeune poëte de
vingt ans est instinctivement profond dans l'étude de
la démence, et combien il en conçoit véritablement
le langage en donnant à Ophélia des notes gaies
et même érotiques, mêlées de quelques notes plain-
tives qui remontent au cœur on ne sait pourquoi:
sublime inconséquence de la raison perdue qui re-
trouve par hasard sa douleur sur la route du souvenir égaré.

Enfin quel autre qu'un grand poëte naissant pouvait attendrir cet horrible tableau en y répandant ces
teintes amoureuses et désolées commençant par la
naïveté, continuant par la tendresse et finissant par
le plus touchant suicide ?

XVI

Quant à la scène des paysans creusant la fosse
d'Ophélia avec cette indifférence d'habitude qui joue

avec la monture quand la perle est brisée et éva-
nouie, on peut dire que la scène est trop profondément creusée pour le théâtre grec, latin, espagnol,
italien, français : mais pour le théâtre anglais elle est
merveilleusement adaptée au génie pensif et philosophique de ce peuple. C'est Bossuet en action dans
le dernier mépris des vanités humaines ; c'est Pascal
jetant le dernier cri sur la misère des hommes : la
dérision de la mort et du désespoir, la moquerie
de soi-même donnée en spectacle à l'homme qui
triomphe aujourd'hui, qui sera demain une relique
de son propre néant ! On ne va pas plus loin dans le
vide. Fouiller la terre jusque dans les replis du
cimetière pour lui redemander la pourriture du cadavre qui fut hier un grand homme ; dire le mot
cruel, mais le mot juste sur ce *qui n'a plus de nom
dans aucune langue :* mettre ce mot non pas sur la
langue d'un prêtre ou d'un philosophe, mais sur les
lèvres naïvement grossières d'un manœuvre ; arracher la philosophie du cri de la nature ou de l'éclat
de rire de l'indifférence : voilà, et surtout à vingt
ans, le symptôme souverain du génie !

Ce fut la première apparition de Shakspeare.

Et la fameuse contemplation poétique et lyrique
de ce grand homme dans la même pièce : *to be or
not to be, être ou ne pas être, voilà la question !* Qui
jamais s'éleva plus haut et descendit plus profond
dans la pensée humaine ? Cette contemplation n'est-
elle pas restée proverbe chez tous les peuples ?

Shakspeare n'a-t-il pas donné là le mot au genre humain ? Que peut de plus un suprême poëte ?

XVII

Certes ni Eschyle, ni Corneille, ni Racine n'auraient écrit *Hamlet* sur le type du fils de l'ouvrier de Stratford-sur-Avon. On sent dans les premiers un art raffiné dans le plan et dans l'expression qui défie la critique et qui se produit devant l'élite des peuples assemblés, pour laisser dans l'imagination des hommes des modèles immortels de la beauté des langues. C'est le beau ! c'est le Midi de l'Europe.

On sent dans le second l'improvisation brûlante et rapide de l'homme du Nord qui ignore ces raffinements mélodieux de la Grèce et de la France, et qui cherche au hasard dans les légendes de la mer Glaciale ou dans les nouvelles de l'Italie du moyen âge des sujets terribles ou touchants de drames pour plaire à son peuple encore enfant. Certes, la perfection de l'auteur anglais est moins grande en masse : mais l'émotion de son drame monte par instants plus haut. Il y a loin de l'*Athalie* de Racine à *Roméo et Juliette*, à *Hamlet* ou à *Macbeth* de Shakspeare ! il y a la distance de la perfection souveraine à la verve accidentelle. C'est moins beau, mais c'est plus fort, et surtout c'est plus vrai.

La *rerre*, ce mot mystérieux qui veut dire le génie en liberté, voilà le caractère de Shakspeare. Vous la sentez partout, elle vous éblouit, elle vous entraine, elle vous arrache tantôt ces cris d'enthousiasme qui se perpétuent de génération en génération chez le peuple témoin de ces prodiges, tantôt ces rires sortis de la nature, qui mêlent plusieurs impressions à la fois dans l'âme humaine, au risque d'affaiblir l'impression tragique par le contraste du rire et des pleurs, tantôt ces méditations philosophiques qui élèvent le spectateur de l'émotion spéciale à laquelle vous l'avez convié, jusqu'à cette émotion générale, impersonnelle, transcendante, qui fait de lui un contemplateur impartial du crime et de la vertu sur la scène du monde. Lequel est le plus beau de ces deux arts? Osez le dire; quant à moi, je ne l'ose pas. Si l'on me demande : Où trouvez-vous le plus d'art dans Racine ou dans Shakspeare? A coup sûr je vous répondrai dans Racine. Racine a su choisir, Shakspeare ne le sait pas. Mais où trouvez-vous le plus de nature? Je réponds sans hésiter : dans Shakspeare.

Il ne faut donc pas comparer; il faut admirer des deux parts.

Les Grecs avaient raison de placer au-dessus de tout Eschyle, Sophocle, Euripide.

Les Français ont raison de ne placer personne au-dessus de Corneille et de Racine.

Les Anglais ont raison de préférer Shakspeare à

tout ce qui a conçu et écrit le drame moderne avant
et après lui.

Ce peuple indépendant était né pour admirer
Shakspeare.

Ce poëte indépendant (peut-être par ignorance)
était né pour charmer ce peuple.

Tout le monde a raison ; mais pour le reconnaître,
il faut s'élever plus haut que les écoles classiques ou
romantiques, et se placer aux points de vue divers
des peuples policés et des peuples naissants : l'antique génie et le génie moderne.

Il faut considérer surtout dans l'écrivain de drame
non la perfection seulement, mais l'abondance.

Or, sous ce rapport, la supériorité du poëte anglais
est incontestable. Justesse, abondance, universalité
sont les trois caractères de ce grand homme !

Ces deux génies, le génie tragique et le génie
comique, n'ont jamais été réunis dans le même
homme avant Shakspeare. Ni Eschyle, ni Sophocle,
ni Euripide dans l'antiquité grecque, ni Corneille,
ni Racine dans la littérature française, n'ont été
doués par la nature de ce double esprit qui dans le
poëte tragique se plonge dans l'abîme des douleurs
humaines pour arracher au cœur humain les derniers cris du désespoir, et qui observe avec une
malicieuse attention les phénomènes du ridicule
pour arracher le rire naïf et moqueur aux spectateurs de l'esprit humain. « Du sublime au ridicule il
n'y a qu'un pas, » disait à Varsovie, en se mo-

quant de son désastre, le plus mémorable acteur du
drame en action de nos grandes guerres. — Cela
n'était pas vrai, ou du moins cela n'était vrai qu'aux
yeux de la philosophie et de l'histoire. Mais en général ces deux esprits s'excluent l'un l'autre dans
ceux qui donnent au monde le spectacle de lui-
même. L'esprit qui contemple les grandes catastrophes et qui trouve du sang et des larmes dans cette
contemplation est précisément le contraire de l'esprit analytique qui surprend les secrets du comique
dans les caractères et qui en fait jaillir la comédie,
cette dérision de l'homme par l'homme. Shakspeare
seul, par la prodigieuse multiplicité de son aptitude
à tout observer et à tout rendre, a pu créer de
la même main le type d'Hamlet et le type aussi
immortel de Falstaff, ce fanfaron de toutes les qualités qu'il affecte et qu'il désavoue à l'instant où il
les affecte, par la versatilité honteuse de son caractère. Aucune comédie ancienne ou moderne, sans en
excepter Molière, l'artiste le plus parfait, quoique
non le plus grand de notre littérature, n'a créé et
mis en action un personnage aussi profondément comique que Falstaff. Shakspeare n'aurait inventé que
ce chef-d'œuvre qu'il lutterait avec Molière et qu'il
ne lui serait pas inférieur. Mais l'homme qui a conçu
la démence feinte d'Hamlet, la folie sincère et mortelle d'Ophélia, la passion de Roméo et de Juliette ne
trouvant d'asile que dans le tombeau l'un de l'autre,
et qui a écrit les grotesques excentricités de Falstaff

et les mille personnalités fantastiques de Caliban et de Cymbeline, dans ses féeries gaies, variées et poétiques, telles que *les Commères de Windsor, la Tempête, le Songe d'une nuit d'été*, cet homme, comme poëte, c'est-à-dire comme *inventeur*, avait reçu du ciel en naissant toutes les clefs du cœur humain. Il le pétrissait à son gré de rires et de larmes. On ne peut assister sans stupeur au travail prodigieux de sa composition : et ce n'était point chez lui indifférence, c'était un même amour également fécond pour ce qui caractérise l'homme, le sublime ou le ridicule également humains : la toute-puissance du génie qui embrasse l'homme tout entier, et qui, jouant de lui comme d'un instrument divers, s'élève après à une philosophie merveilleuse qui l'égale à Pascal après l'avoir égalé à Molière.

En considérant sous cet aspect Shakspeare, il est impossible d'accuser les Anglais de prévention nationale et de ne pas reconnaître que la providence des peuples leur a fait en lui le plus beau présent qu'elle puisse faire aux sociétés humaines : un poëte pour illustrer leur nation !

XVIII

Et pourquoi ce grand homme s'est-il emparé ainsi de tout ce peuple ? C'est qu'il n'était pas seulement un faiseur de drames, mais tout à la fois un souverain philosophe et un souverain poëte.

Voyez ses livres de poésie pure, tels que ses sonnets dignes de Pétrarque et ses poëmes qui l'auraient égalé au Tasse, si la fortune adverse lui eût laissé le loisir de n'écrire qu'en vers rimés au lieu de le contraindre à écrire en prose ou en vers blancs, avec la précipitation que le public demandait à son génie.

XIX

Ajoutez à ce travail incessant les études tardives qu'il était obligé de faire pour trouver, soit dans Plutarque, ce résumé vivant de l'histoire antique, soit dans l'histoire de l'Angleterre, qu'il faisait revivre pour le peuple, soit enfin dans les légendes italiennes de son temps, des sujets de drames ou de tragédies propres à intéresser son public, sans compter les tragi-comédies, les féeries, les innombrables fantaisies de son imagination, telles que *Macbeth, Roméo, le roi Léar, Hamlet, Othello, Jules César, Cléopâtre, le Songe d'une nuit d'été, la Tempête, Cymbeline, les Commères de Windsor, l'Histoire tragique de toute l'Angleterre,* etc. Chacune de ces pièces sérieuses ou légères mériterait de nous

une analyse qui nous découvrirait des beautés inef-
fables. si la rapidité de notre travail ne nous obli-
geait à les nommer seulement. Les nommer, c'est
rappeler à l'esprit autant de chefs-d'œuvre qui font
des compositions de ce sublime esprit la biblio-
thèque de tout un peuple.

XX

Revenons à sa vie : elle fut pleine et courte : elle
n'obtint pas du ciel ces longues années qu'il accorda
à Sophocle avec la toute-puissance de son génie qui
ne pouvait mourir.

« Le poëte, dit M. Villemain, digne appréciateur
des grands hommes. le poëte en s'éloignant de la jeunesse, en descendant la pente de cette vallée des
ans dont parle Othello, ne perdait pas, au milieu de
ses agitations de Londres. le souvenir de sa ville
natale et de la jeune famille qu'il avait si souvent
quittée.

« Chaque année, dit-on. et c'est un des rares
détails donnés sur lui par ses contemporains, il allait,
dans la belle saison, passer quelque temps à Stratford, près de sa femme. de ses enfants et de son
vieux père. Il avait été rejoint par un de ses frères,
que son exemple sans doute entraîna vers le théâtre,

et qui n'est connu que par ces mots : *Edmond Shakspeare, comédien*, inscrit sur le registre mortuaire de
l'église de Saint-Sauveur, dans la paroisse de South-
wark, où William Shakspeare était logé.

« Le goût du poëte pour les beautés de la nature,
son impression si vive des frais paysages de l'Angleterre, indiqueraient seuls qu'il devait chercher le
repos des champs. On a supposé toutefois de son
temps un autre motif à ses fréquents voyages; on a
conté que, sur la route de son pays, il aimait à s'arrêter dans la ville d'Oxford, à l'auberge de *la Couronne*, dont l'hôtesse, remarquable par l'élégance et
la beauté, devint mère du poëte Davenant. Shakspeare, familier dans la maison, fut parrain de cet
enfant, qui lui appartenait, dit-on, de plus près, et
qui, dans la suite, mit un singulier amour-propre à
se vanter de cette descendance. On concevra mieux,
d'après cela, le zèle du royaliste Davenant pour le
républicain Milton : c'était sans doute à ses yeux une
double dette de parenté poétique.

« Quoi qu'il en soit, il semble que des motifs plus
sérieux conduisaient Shakspeare dans le comté de
Warwick, et que, malgré les distractions de la vie
comique, il eut de bonne heure cet esprit de *retour*
qui lui fit quitter Londres à cinquante ans, pour se
retirer dans sa ville natale et dans sa famille. On le
voit, dès 1597, acquérir à Stratford une grande maison qu'il fit en partie rebâtir, en la nommant *New-
Place*. En 1602, il achète, sur la paroisse de Strat-

ford, un lot de cent sept acres de terre qui venait rejoindre sa maison. Plus tard, il prend, pour une somme assez forte, la moitié du bail des dîmes de la même paroisse. Il possédait en outre plusieurs petits domaines, vergers, jardins, non-seulement à Stratford, mais à Bushaxton et à Welcombe, villages du comté de Warwick. Selon toute apparence, il avait ainsi transporté dans son pays le produit de sa fortune théâtrale et des libéralités qu'il avait reçues de quelques grands de la cour, et surtout de lord Southampton.

« A trente-cinq ans j'aimais encore, » a dit Montesquieu. Shakspeare aima plus tard : et, dans ses sonnets, qui sont, à tout prendre, les seuls mémoires de sa vie, il se plaint de vieillir en se laissant tromper.

« Croyant faussement qu'elle me croit jeune, » dit-il, « bien qu'elle sache que les meilleurs de mes jours sont passés, j'ajoute foi naïvement à sa langue menteuse ; et des deux côtés on fausse la vérité. »

« Quand cinquante ans arrivèrent cependant, le poëte, dans toute la force de son génie, dit adieu à ces beautés qui lui cachaient son âge ; et, se dégageant de la direction du théâtre, il partit pour Stratford, où quelques années auparavant il était allé marier sa fille Suzanne, et avait planté dans le jardin de *New-Place* un mûrier longtemps célèbre. Selon toute apparence, c'est dans l'année 1614 que Shakspeare quitta ainsi tout à fait Londres ; car, depuis lors, il n'est plus nommé comme propriétaire du *Globe* ; et, cette année même, Fletcher donna sur ce théâtre sa comédie de *la Dame dédaigneuse*, où le monologue d'Hamlet et les dernières paroles d'Ophélie sont malignement parodiés.

« Shakspeare, rentré dans sa ville natale, auprès de sa femme, si longtemps et si souvent quittée, et de ses deux filles, semblait destiné à jouir du repos dans une heureuse aisance : mais ce repos fut court ; et il en est resté encore moins de souvenirs que des autres années du poëte. Il fut, dit-on seulement, bien accueilli des gentilshommes du voisinage, alla quelquefois à la taverne de Stratford, et fit une épigramme sur un de ses voisins, riche et vieux gentilhomme, fort de ses amis, mais un peu usurier. On voit encore, par les actes publics du temps, qu'il eut un procès avec la commune de Stratford pour une question de clôture, et qu'en 1616 il maria sa seconde fille Judith, qui avait passé trente ans. Cette même année, le 23 avril, jour anniversaire de sa naissance, Shakspeare mourut, à cinquante-deux ans révolus. Ce même jour, 23 avril 1616, expirait un autre moraliste inventeur, Cervantes, vieux et pauvre, et près de sa dernière heure implorant pour sa famille, par une lettre qu'il n'acheva pas, les aumônes de son protecteur, le comte de Lémos.

« Shakspeare, quoique la mort paraisse l'avoir sur-

pris, laissait un testament écrit de sa main « en par-
faite santé de corps et d'esprit, » dit-il au commencement de cet acte daté du 25 mars 1616. Dans ce
testament fait au nom de Dieu, il déclare d'abord
qu'espérant et croyant avec certitude participer à la
vie éternelle, par les seuls mérites de Jésus-Christ
son sauveur, il confie son âme aux mains de Dieu son
créateur, et son corps à la terre d'où il est formé;
puis il dispose, en bon gentilhomme anglais, de son
bien, assez considérable pour le temps. Après avoir
complété la dot de sa fille Judith, fait divers legs
d'argent et de meubles à sa sœur Jeanne, aux enfants
de sa sœur et à quelques amis, donné dix livres ster-
ling aux pauvres de Stratford, il laissa la grande
part de ses biens, sa maison et toutes ses terres à sa
fille aînée Suzanne, et, après elle, au fils aîné de
Suzanne, puis aux héritiers mâles de ce fils; puis, à
leur défaut, au second fils mâle de Suzanne, et aux
héritiers mâles de ce fils, renouvelant cette disposi-
tion conditionnelle jusqu'à sept fois; et, à défaut de
tout héritier mâle, substituant ensuite lesdits biens
à sa nièce Hall, au fils de cette nièce, et enfin à sa
seconde fille Judith. Deux dispositions sont encore à
remarquer dans cet acte; l'une est un souvenir de
Shakspeare pour son ancienne profession de comédien, l'autre pour sa femme :

« Je donne et lègue, dit-il, à mes camarades John
Heminge, Richard Burbage et Henri Condell, trente-

six schellings pour leur acheter des bagues; » et
plus bas : « Je donne à ma femme mon meilleur lit
de couleur avec la garniture. »

« Enfin Shakspeare institue pour exécuteurs testa-
mentaires son gendre John Hall et sa fille Suzanne.
Hall, auquel Shakspeare avait marié sa fille bien-
aimée, était un médecin qui devint célèbre dans la
suite et qui publia une espèce de *Clinique*, longtemps
estimée, où, dans *mille cas* de pratique énumérés et
décrits par lui, on ne chercherait aujourd'hui qu'un
seul cas, dont malheureusement il ne parle pas, la
maladie de son beau-père Shakspeare. Mais souvent
l'homme de génie n'est pas deviné par les siens; et
souvent aussi l'homme qui écrit ne se doute pas de
quoi la postérité serait curieuse.

« Milton, quelques années après, lui fit en vers
cette immortelle épitaphe :

« Quel besoin a mon Shakspeare, pour ses os véné-
« rés, de pierres entassées par le travail des siècles?
« Quel besoin que ses saintes reliques soient cachées
« sous une pyramide qui monte jusqu'aux cieux?
« Fils chéri de la mémoire, grand héritier de la
« renommée, que t'importent ces faibles témoignages
« de ton nom? Toi-même, dans notre admiration et
« dans notre stupeur, tu t'es bâti un monument de
« longue vie, tandis qu'à la honte de l'art qui tra-
« vaille lentement tes vers coulaient faciles, et que
« chacun, dans les pages de ton livre sans prix,

« recueillait avec une impression profonde ces vers
« inspirés. Alors toi, dans l'étourdissement dont tu
« frappais notre imagination, tu nous as rendus
« marbre par trop d'effort pour concevoir; et, ainsi
« enseveli, tu reposes dans une telle pompe, que les
« rois, pour un tombeau semblable, ambitionneraient
« de mourir! »

Voilà le sentiment que le premier poëte épique de
la Grande-Bretagne ne craignait pas de vouer en
vers à celui qu'il appelait *mon* Shakspeare! Voilà ces
mêmes vers retrouvés, traduits et avoués en prose
par un des premiers littérateurs de la France! Que
veut-on de plus? La postérité emprunte des voix
immortelles quand elle veut immortaliser un enfant
de la terre.

De tels juges consacrent à jamais un nom.

Il eut de grands défauts de goût, sans doute;
mais il est aisé de voir que ces défauts furent des
complaisances forcées à son rustique parterre, et
que quand il écrivait pour lui-même ou pour la cour,
ou pour son ami lord Southampton, toute cette po-
pularité disparaissait, et que s'il y avait quelque
chose à lui reprocher, c'était au contraire le raffine-
ment par trop précieux de son génie trop italianisé.
Que l'on se mette à la place de ce grand homme
obligé, le jour, d'écrire ses pièces pour un auditoire de matelots dans une auberge de faubourg,
et, le soir, des vers courtisans pour les personnages

les plus délicats d'une cour infectée d'italianisme.

Et cependant il n'était point courtisan de caractère. Son esprit fut trop viril pour plier sous la fortune. Il fut plutôt un peu licencieux dans sa première jeunesse et fit quelques légères injures à la fidélité conjugale. Sa femme, fille d'un fermier des environs de Stratford-sur-Avon, était plus âgée que lui : il l'oublia quelquefois, il ne l'abandonna jamais. Il amassa sou par sou une assez jolie fortune indépendante qu'il lui rapportait à la fin de chaque année, et dont il accrut la maison et le petit domaine de sa famille. Il se retira dès qu'il le put, pour jouir auprès de sa femme et de ses enfants du loisir paisible et honoré qu'il avait glorieusement acquis par ses travaux. Il eut quelques légèretés, pas un vice : il fut jeune, jamais débauché. Sa famille et ses concitoyens le pleurèrent, et le mûrier qu'il avait planté ombragea sa tombe.

Heureux les hommes qui vivent et meurent ainsi sûrs de leur vie par l'estime et l'affection de leurs concitoyens, sûrs de leur mémoire par leurs œuvres!

Son œuvre à lui fut mêlée, nous en avons dit les raisons; mais l'homme fut immense, et, tout pesé, il y en eut de plus parfait : y en a-t-il eu de plus grand?

MACBETH, OTHELLO

ET

LES PIÉCES MÈLÉES OU COMIQUES

MACBETH

I

Shakspeare est avant tout un honnête homme. C'est
ce qu'il est impossible de méconnaître quand on a été
forcé, comme je le fais en ce moment, de lire ou de
relire tout ce qu'il a écrit. Le goût sort quelquefois
scandalisé de quelques passages de ces lectures, la
morale en sort toujours édifiée. On y sent une con
viction de vertu, une intimité de bonne pensée, une
verve d'honnêteté et d'honneur qui attestent le fond
de l'homme de bien, on peut même dire du bon chré-
tien. C'est une chose très-remarquable que le paganisme tragique des drames modernes disparaît avec
Shakspeare, et que si ces drames sont criminels dans
leurs résultats, leur logique est toujours et inflexible-
ment évangélique. *Macbeth*, ce grand drame de l'ambi-
tieux séduit par l'amour de lady Macbeth, sa

femme, est sans pitié, mais non pas sans scrupule. C'est le remords du crime à commettre et du crime commis qui en fait l'horreur. On y plaint le meurtrier presque autant que la victime. Son vrai nom, c'est le crime, le remords et l'expiation. Lady Macbeth, elle seule, semble au-dessus de toute honnêteté, mais elle devient folle et meurt avant la catastrophe expiatoire de son mari. Son intrépide scélératesse, qui n'a pu conseiller et supporter les crimes, ne peut accepter la punition. Tous les grands forfaits, dans Shakspeare, sont inspirés par des femmes perverses. L'homme exécute, mais il ne conçoit pas. L'être de sensations est plus immoral que l'être de volonté. L'esprit de la femme s'approche plus facilement du crime que la main de l'homme ne s'approche de sa victime. En commettant le meurtre, on sent qu'il obéit à une puissance de perversité supérieure à lui-même. Cette puissance de perversité, c'est l'imagination ardente de la femme. Voyez lady Macbeth.

II

Son mari est, au commencement de sa vie, un brave homme, bon serviteur du roi d'Écosse, Duncan. Duncan l'aime et le récompense de ses services avec empressement. Il fait plus, il l'honore ; il vient se

confier à lui dans son château, avec un petit nombre
de courtisans et de pages.

Ici commence le drame terrible et inattendu que
l'histoire d'Écosse n'a développé qu'en seize ans,
mais que le génie impatient de Shakspeare concentre
en une seule nuit, sous la pression de cette femme
altérée de pouvoir qu'on appelle lady Macbeth.

Mais d'abord, il faut que l'intervention des sorcières, crédulité locale des Écossais, ait prédisposé
l'esprit loyal alors de Macbeth, le comte écossais,
aux vagues pensées d'ambition illimitée, qui lui font
apparaître la couronne même d'Écosse pour récompense de son héroïsme.

La pièce commence là. Macbeth, innocent encore,
voyage avec son ami et allié Banquo, la nuit, à travers les bruyères d'Écosse. Leurs chevaux, effarou-
chés, reculent et se cabrent devant l'apparition de
trois sorcières, émules des trois Parques de l'antique
paganisme, qui n'est jamais bien mort dans les traditions des nouveaux convertis.

« Allons, Paddock, dit une des sorcières, appelée
Naule, le beau est affreux, et l'affreux pour nous est
le beau. Allons, planons à travers le brouillard infect
et l'air livide. »

Le spectateur est averti que quelque chose de
surnaturel va se passer dans la pièce.

À la scène suivante, on vient annoncer au bon roi

d'Écosse. Duncan, que le comte de Cawdor l'a trahi en introduisant les Norvégiens dans ses États, mais que le traître vient de tomber sous les coups de Macbeth. Le roi donne à Macbeth le château, le titre et les domaines de Cawdor.

« Ce que Cawdor a déloyalement perdu, le noble Macbeth l'a loyalement gagné. »

Le roi s'éloigne.

Les sorcières, évoquées par un coup de tonnerre, reparaissent dans la bruyère. Elles chantent, en formant le cercle magique, des mots sans suite de leur langue. Macbeth et son ami Banquo chevauchent dans la nuit, revenant de la bataille.

MACBETH.

Je n'ai jamais vu un jour si beau et si sombre.

BANQUO.

A quelle distance sommes-nous de Fores? Quelles sont ces créatures si desséchées et si étranges dans leur accoutrement, qui ne ressemblent pas aux habitants de la terre, et pourtant sont sur la terre? Vivez-vous? Êtes-vous quelque chose qu'un homme puisse questionner? On dirait que vous me comprenez, à voir chacune de vous placer son doigt tranchant sur ses lèvres de parchemin... Vous devez être femmes.

Et pourtant vos barbes m'empêchent de croire que
vous l'êtes.

MACBETH.

Parlez, si vous pouvez... Qui êtes-vous?

PREMIÈRE SORCIÈRE.

Salut, Macbeth! salut à toi, thane de Glamis!

DEUXIÈME SORCIÈRE.

Salut, Macbeth! salut à toi, thane de Cawdor!

TROISIÈME SORCIÈRE.

Salut, Macbeth qui seras roi!

BANQUO.

Mon bon seigneur, pourquoi tressailliez-vous, et
semblez-vous craindre des choses qui sonnent si
bien? (Aux sorcières.) Au nom de la vérité, êtes-vous
fantastiques, ou êtes-vous vraiment ce qu'extérieurement vous paraissez? Vous saluez mon noble compagnon de ses titres présents et de la haute prédiction d'une noble puissance et d'un avenir royal, si
bien qu'il en semble ravi. A moi vous ne parlez pas.
Si vous pouvez voir dans les semences du temps et
dire quelle graine grandira et quelle ne grandira pas,
parlez-moi donc, à moi qui ne mendie et ne redoute
ni vos faveurs ni votre haine.

PREMIÈRE SORCIÈRE.

Salut !

DEUXIÈME SORCIÈRE.

Salut !

TROISIÈME SORCIÈRE.

Salut !

PREMIÈRE SORCIÈRE.

Moindre que Macbeth, et plus grand.

DEUXIÈME SORCIÈRE.

Pas si heureux, pourtant bien plus heureux !

TROISIÈME SORCIÈRE.

Tu engendreras des rois, sans être roi toi-même ; donc, salut, Macbeth et Banquo !

PREMIÈRE SORCIÈRE.

Banquo et Macbeth, salut !

MACBETH.

Demeurez, oracles imparfaits, dites-m'en davantage. Par la mort de Sinel, je le sais, je suis thane de Glamis, mais comment de Cawdor ? Le thane de Cawdor vit, gentilhomme prospère ; et, quant à être roi, cela n'est pas plus dans l'horizon de ma croyance que d'être thane de Cawdor. Dites de qui vous tenez cet étrange renseignement, ou pourquoi sur cette bruyère désolée vous barrez notre chemin de ces prophétiques saluts. Parlez, je vous l'ordonne. (Les sorcières s'évanouissent.)

BANQUO.

La terre a comme l'eau des bulles d'air, et celles-ci en sont : où se sont-elles évanouies ?

MACBETH.

Dans l'air : et ce qui semblait avoir un corps s'est fondu comme un souffle dans le vent... Que ne sont-elles restées !

BANQUO.

Les êtres dont nous parlons étaient-ils ici vraiment, ou avons-nous mangé de cette racine insensée qui fait la raison prisonnière ?

MACBETH.

Vos enfants seront rois !

BANQUO.

Vous serez roi !

MACBETH.

Et thane de Cawdor aussi ; ne l'ont-elles pas dit ?

BANQUO.

En propres termes, avec le même accent... Qui va là?

Dans la scène suivante, les courtisans de Duncan arrêtent les deux guerriers. Ils annoncent à Macbeth que le roi lui a donné le titre de comte de Cawdor.

« Les honneurs nouveaux le revêtent comme des habits neufs! » s'écrie Banquo; « ils n'adhéreront à leur moule qu'avec l'usage et le temps! »

Macbeth, innocent et étonné, lui répond :

« Si la fortune veut me couronner, eh bien! elle peut aussi me couronner sans que je m'en mêle! Advienne que pourra! le temps et l'occasion passent à travers la plus sombre journée! »

La scène suivante est au château de Macbeth. Le roi y entre et comble ce brave de sa reconnaissance.

« Étoiles de la nuit, éteignez vos feux! » dit tout bas Macbeth. « Qu'aucune lumière ne voie mes sombres et profonds désirs! Que l'œil se ferme sur le geste! Et pourtant, puissé-je voir accomplir l'événement dont le regard s'effraye! »

Le roi se retire dans l'intérieur du château pour se reposer.

Lady Macbeth entre un papier à la main dans une salle du château d'Inverness. Elle lit à demi-voix la lettre de son mari, qui lui raconte la prédiction des sorcières et surtout ce mot équivoque : *Tu seras roi !*

« Ah ! je me doute de ton caractère ! » se dit lady Macbeth, « tu seras tout ce qu'on t'a promis. Mais ta nature est trop pleine du lait de la tendresse humaine : tu ne voudrais pas tricher, mais tu voudrais mal gagner. Et moi, je te crie : « Fais ceci pour me « posséder ! accours ici, et que je verse mon énergie « dans ton oreille ! »

« Le corbeau lui-même s'est enroué à croasser l'arrivée du roi Duncan sous mes créneaux. Venez ! venez ! venez ! esprits qui escortez les pensées de mort ! Désexez-moi, et, du crâne au talon, remplissez-moi toute de la plus atroce cruauté. Épaississez mon sang, fermez en moi tout accès, tout passage au remords ; qu'aucun retour compatissant de la nature n'ébranle ma volonté farouche et ne mette le holà entre elle et l'exécution ! Venez à mes mamelles de femme, et changez mon lait en fiel, vous, ministres du meurtre, quel que soit le lieu où, invisibles substances, vous aidiez aux méchancetés de la nature. Viens, nuit épaisse, et enveloppe-toi de la plus som-

bre fumée de l'enfer : que mon couteau aigu ne voie
pas la blessure qu'il va faire ; et que le ciel ne puisse
pas m'apercevoir à travers le drap des ténèbres, et
me crier : Arrête ! arrête ! »

Entre MACBETH.

LADY MACBETH, continuant.

Grand Glamis ! Digne Cawdor ! plus grand que
tout cela par le salut futur ! Ta lettre m'a transportée
au delà de ce présent ignorant, et je ne vis plus que
dans l'avenir.

MACBETH.

Cher amour, Duncan arrive ici ce soir.

LADY MACBETH.

Et quand repart-il ?

MACBETH.

Demain !... c'est son intention.

LADY MACBETH.

Oh ! jamais le soleil ne verra ce demain ! Votre
visage, mon thane, est comme un livre où les hommes peuvent lire d'étranges choses... Pour tromper
le monde, paraissez comme le monde : ayez la cor-
dialité dans le regard, dans le geste, dans la voix ;

ayez l'air de la fleur innocente, mais soyez le serpent
qu'elle couvre. Il faut pourvoir à celui qui va venir ;
c'est moi que vous chargerez de dépêcher la grande
affaire de cette nuit qui, pour toutes les nuits et tous
les jours à venir, nous assurera une souveraineté
exclusive et l'empire absolu.

MACBETH.

Nous en reparlerons.

LADY MACBETH.

Ayez seulement le front serein : il faut toujours
craindre de changer de visage. Pour le reste, laissez-
moi faire. (Ils sortent.)

SCÈNE VI.

[Devant le château. Hautbois.]

Les serviteurs de Macbeth font la haie. Entrent DUNCAN
et sa suite, BANQUO, etc.

DUNCAN.

La position de ce château est charmante : l'air pé-
nètre légèrement et doucement nos sens délicats.

BANQUO.

Cet hôte de l'été, le martinet, hauteur des tem-

ples, prouve, par sa chère présence, que l'haleine
du ciel embaume amoureusement ces lieux; pas de
saillie, de frise, d'arc-boutant, de coin favorable, où
cet oiseau n'ait suspendu son lit et son berceau
fécond. J'ai observé qu'où cet oiseau habite et mul-
tiplie, l'air est très-pur.

Entre LADY MACBETH.

DUNCAN.

Voyez! voyez! notre honorable hôtesse! L'amour
qui nous poursuit a beau nous déranger parfois :
nous le remercions d'être l'amour. C'est vous dire
qu'il vous faut demander à Dieu de nous bénir pour
vos peines, et nous remercier de vous déranger.

LADY MACBETH.

Tous nos services, fussent-ils en tout point doublés
et quadruplés, seraient une pauvre et solitaire offrande, comparés à cette masse profonde d'honneurs
dont Votre Majesté accable notre maison. Vos bienfaits passés, et les dignités récentes que vous y avez
ajoutées, feront de nous des ermites voués à prier
pour vous.

DUNCAN.

Où est le thane de Cawdor? Nous courions après
lui, dans l'intention d'être son maréchal des logis,

mais il est bon cavalier, et son grand amour, aussi
excitant que l'éperon, l'a amené avant nous chez lui.
Belle et noble hôtesse, nous sommes votre hôte cette
nuit.

LADY MACBETH.

Vos serviteurs regardent leur existence même et
tout ce qui est à eux comme un dépôt dont ils doivent compte à Votre Altesse, et qu'ils sont toujours
prêts à vous restituer.

DUNCAN.

Donnez-moi votre main : conduisez-moi à mon
hôte : nous l'aimons grandement et nous lui conti-
nuerons nos faveurs. Hôtesse, avec votre permission !
(Ils sortent.)

SCÈNE VII.

[Une chambre dans le château. Hautbois et torches.]

MACBETH.

MACBETH.

Si, une fois fait, c'était fini, il serait bon que ce fût
vite fait. Si l'assassinat pouvait arrêter les consé-
quences, et, une fois terminé, assurer le succès ; si ce
coup pouvait être tout et la fin de tout, ici-bas, rien

qu'ici-bas, sur le banc de sable, sur l'îlot où nous sommes, je me jetterais tête baissée dans la vie à venir. Mais ces actes-là ont ici-bas leur punition. Les leçons sanglantes que nous enseignons reviennent, une fois apprises, châtier le précepteur. La justice à la main impartiale présente la coupe empoisonnée par nous à nos propres lèvres... Il est ici sous une double sauvegarde : d'abord, je suis son parent et son sujet, deux raisons puissantes contre l'action ; ensuite, je suis son hôte : à ce titre, je devrais fermer la porte au meurtrier, loin de porter moi-même le couteau. Et puis, ce Duncan a usé si doucement de son pouvoir, il a été si pur dans ses hautes fonctions, que ses vertus viendraient, comme des anges, la trompette à la bouche, dénoncer le crime damné qui l'aurait fait disparaître. Et la pitié, pareille à un nouveau-né tout nu qui chevauche sur l'ouragan, ou à un chérubin céleste qui monte les coursiers invisibles de l'air, soufflerait l'horrible action dans les yeux de tous et ferait couler des larmes qui noieraient le vent... Je n'ai, pour presser les flancs de ma volonté, que l'éperon d'une ambition qui prend trop d'élan et ne peut s'asseoir en selle... Eh bien ! quoi de nouveau ?

Entre LADY MACBETH.

LADY MACBETH.

Il a presque soupé : pourquoi avez-vous quitté la salle ?

MACBETH.

M'a-t-il demandé ?

LADY MACBETH.

Ne le savez-vous pas ?

MACBETH.

Nous n'irons pas plus loin dans cette affaire. Il vient de m'honorer; et j'ai acheté de toutes les classes du peuple une réputation dorée qu'il convient de porter maintenant dans l'éclat de sa fraîcheur, et non de jeter si tôt de côté.

LADY MACBETH.

Était-elle donc ivre l'espérance dans laquelle vous vous drapiez ? a-t-elle dormi depuis ? et ne fait-elle que se réveiller pour verdir et pâlir ainsi devant ce qu'elle contemplait si volontiers ? Désormais, je ferai le même cas de ton amour. As-tu peur d'être dans tes actes et dans ta résolution le même que dans ton désir ? Voudrais-tu avoir ce que tu estimes être l'or-

nement de la vie, et vivre couard dans ta propre estime, laissant un *je n'ose pas* suivre un *je voudrais*,
comme le pauvre chat du proverbe?

MACBETH.

Paix! je te prie. J'ose tout ce qui sied à un
homme; qui ose au delà n'en est plus un.

LADY MACBETH.

Quelle bête a donc été cause que vous m'avez jeté
ce projet en tête? Quand vous l'avez osé, vous étiez
un homme; maintenant, soyez plus que vous n'étiez,
vous n'en serez que plus homme. Ni l'occasion ni le
lieu ne s'offraient alors, et vous vouliez pourtant les
créer tous deux. Ils se sont créés d'eux-mêmes, et
voilà que leur concours vous anéantit. J'ai allaité, et
je sais combien j'aime tendrement le petit qui me
tette : eh bien! au moment où il souriait à ma face,
j'aurais arraché le bout de mon sein de ses gencives
sans os, et je lui aurais fait jaillir la cervelle, si je
l'avais juré comme vous avez juré ceci !

MACBETH.

Si nous allions échouer?

LADY MACBETH.

Nous, échouer? Vissez seulement votre courage
au point résistant, et nous n'échouerons pas. Lorsque

Duncan sera endormi. et le rude voyage d'aujour-
d'hui va l'inviter bien vite à un somme profond...
j'aurai raison de ses deux chambellans avec du vin
et de l'ale, à ce point que la mémoire, gardienne de
leur cervelle. ne sera que fumée, et le récipient de
leur raison qu'un alambic. Quand le sommeil du
porc, tiendra gisant. comme une mort. leur être
submergé, que ne pourrons-nous, vous et moi, exécuter sur Duncan sans défense? qui nous empêche
de prendre ses officiers pour éponges et de jeter sur
eux l'accusation de ce grand meurtre?

MACBETH.

N'enfante que des fils! car ta nature intrépide ne
doit former que des hommes... Ne sera-t-il pas admis par tous, quand nous aurons marqué de sang
ses deux chambellans et employé leurs propres poignards, que ce sont eux qui ont fait la chose?

LADY MACBETH.

Qui osera admettre le contraire, quand nous ferons
rugir notre douleur et nos lamentations sur sa mort?

MACBETH.

Me voilà résolu : je vais tendre tous les ressorts
de mon être vers cet acte terrible. Allons, et jouons
notre monde par la plus sereine apparence. Un
visage faux doit cacher ce que sait un cœur faux.
(Ils sortent.)

SCÈNE VIII.

(Cour dans l'intérieur du château.)

Entrent BANQUO et FLÉANCE précédés d'un SERVITEUR
portant un flambeau.

BANQUO.

Où en est la nuit, enfant?

FLÉANCE.

La lune est couchée; je n'ai pas entendu l'horloge.

BANQUO.

Elle se couche à minuit.

FLÉANCE.

Je crois qu'il est plus tard, monsieur.

BANQUO.

Tiens; prends mon épée... Le ciel fait de l'économie, il a éteint toutes ses chandelles... Emporte ça
aussi. La sommation du sommeil pèse sur moi
comme du plomb, et pourtant je ne voudrais pas
dormir. Puissances miséricordieuses, réprimez en
moi les pensées maudites auxquelles notre nature

donne accès dans le repos!... Donne-moi mon épée.
(Entrent Macbeth et un serviteur qui porte un flambeau.) Qui
va là?

MACBETH.

Un ami.

BANQUO.

Quoi! monsieur, pas encore au lit? Le roi est couché. Il a été d'une bonne humeur rare, et il a fait
de grandes largesses à vos gens. Il présente ce diamant à votre femme, comme à la plus aimable
hôtesse, et il s'est retiré dans un contentement
inexprimable.

La scène nocturne de l'assassinat est atroce et terrible. Dans l'âme de Macbeth, qui voit des poignards
vivants s'animer et lui tracer la route vers l'appartement de Duncan endormi, le remords précède le
crime. Chez lady Macbeth, la passion de régner
étouffe tout, excepté l'ambition. Elle le pousse du
geste dans la chambre. Il en sort les mains ensanglantées. Il tue, par les conseils de sa femme, tous
les courtisans et pages assoupis par le vin, dans la
chambre voisine, afin de les accuser de son forfait,
et de prétendre qu'en trouvant son hôte royal mort,
il les a tués tous dans son indignation.

On entend du bruit. Macbeth regarde ses mains :
« Tout l'océan du grand Neptune suffirait-il à les

laver? Non, c'est ma main qui donnerait son incar-
nat aux mers immenses en faisant de leurs eaux
vertes un flot rougi! »

C'est Lenox et Macduff, deux amis du roi, qui
viennent à son ordre de la veille.

LENOX.

La nuit a été extraordinaire. Là où nous couchions,
les cheminées ont été renversées par le vent; on a,
dit-on, entendu des lamentations dans l'air, d'étranges cris de mort et des voix prophétisant avec un
accent terrible d'affreux embrasements et des événements confus nouvellement éclos à ce temps de
malheur. L'oiseau obscur a glapi toute la nuit. On
dit même que la terre avait la fièvre et a tremblé.

MACBETH.

Ç'a été une rude nuit.

LENOX.

Ma jeune mémoire ne m'en rappelle pas une pareille.

Rentre MACDUFF.

MACDUFF.

O horreur! horreur! horreur! Il n'est ni langue ni
cœur qui puisse te concevoir ou te nommer!

MACBETH ET LENOX.

Qu'y a-t-il?

MACDUFF.

Le chaos vient de faire son chef-d'œuvre. Le meurtre le plus sacrilége a ouvert de force le temple sacré du Seigneur et en a volé la vie qui l'animait.

MACBETH.

Que dites-vous? la vie?

LENOX.

Voulez-vous parler de Sa Majesté?

MACDUFF.

Entrez dans la chambre et aveuglez-vous devant une nouvelle Gorgone... Ne me dites pas de parler, voyez, et alors parlez vous-mêmes. (Sortent Macbeth et Lenox.) Éveillez-vous! Éveillez-vous! Sonnez la cloche d'alarme... Au meurtre! trahison! Banquo! Donalbain! Malcolm! éveillez-vous! Secouez sur le duvet ce sommeil, contrefaçon de la mort, et regardez la mort elle-même... Debout, debout, et voyez une image du jugement dernier... Malcolm! Banquo! levez-vous comme de vos tombeaux et avancez comme des spectres pour être à l'avenant de cette horreur!... Sonnez la cloche. (La cloche sonne.)

Entre LADY MACBETH.

LADY MACBETH.

Que se passe-t-il? Pourquoi cette fanfare sinistre convoque-t-elle les dormeurs de la maison? parlez! parlez!

MACDUFF.

O douce dame! vous n'êtes pas faite pour entendre ce que je puis dire... Ce récit, fait aux oreilles d'une femme, la tuerait en y tombant... (Entre Banquo.) O Banquo! Banquo! notre royal maître assassiné!

LADY MACBETH.

Quel malheur! hélas! dans notre maison!

BANQUO.

Malheur trop cruel n'importe où!

MACBETH.

Que ne suis-je mort une heure avant cet événement! J'aurais eu une vie bénie! de ce moment il n'y a plus rien de sérieux dans ce monde mortel! tout n'est que hochet! la grâce et la gloire sont mortes! le vin de la vie est tiré; cette cave n'a plus que de la lie à offrir!

« A cheval! à cheval! » s'écrient les deux fils et le-

amis de Duncan. « Allons réfléchir avant d'agir, l'un
en Angleterre l'autre en Irlande, sachons quels des-
seins couve cette trahison ! »

Et chose étrange, vient annoncer l'écuyer du roi,
les chevaux de Duncan, ces mignons de leur race,
sont redevenus sauvages, ont brisé leurs stalles, et se
sont échappés, résistant à toute obéissance comme
s'ils allaient faire la guerre à l'homme.

Macbeth est proclamé roi !...

III

A ce premier crime en succède un second : la mort
de Banquo invité par Macbeth à sa table et assassiné
par ses ordres en sortant la nuit du palais. Mais le fils
de Banquo se sauve et le crime est perdu, car les sorcières ont prédit le titre de roi à la race de Banquo.
« J'ai entamé, mais non tué le serpent ! mais puis-
sions-nous voir craquer la machine des choses et s'ef-
fondrer les mondes plutôt que de manger toujours
dans la crainte et de dormir toujours dans le trouble
de ces rêves terribles qui nous agitent la nuit. Oh !
j'envie Duncan, il est dans son tombeau, il y dort
bien !... Sois tranquille, chère poule, » dit-il à sa
femme, « les choses que le mal a commencées se
consolideront par plus de mal encore. »

IV

Au milieu d'un festin qu'il donne aux seigneurs de
sa cour, le remords le saisit sous la forme d'un accès
de démence pendant lequel il s'accuse de ses meurtres. Sa femme frémit et prétexte la maladie qui le
possède par moments : les convives épouvantés se
retirent. Les trois sorcières reparaissent, et au milieu
de leurs sortiléges un cri sans nom sort de terre et
rassure Macbeth en termes équivoques : nul homme
né d'une femme ne pourra le tuer. Jamais Macbeth
ne sera vaincu tant que la grande forêt de *Birnam*
ne marchera pas vers la colline de *Dunferlane*. Macbeth exulte comme Saül à ces prédictions des pytho-
nisses modernes.

Cependant il veut savoir encore si les fils de Banquo
seront rois... Les sorcières lui déclarent la longue
suite des rois fils et petits-fils de Banquo. Elles s'é-
vanouissent.

MACBETH.

Que cette heure funeste reste à jamais maudite
dans le calendrier !

Macbeth apprend la fuite de Macduff, un des compagnons des fils de Duncan, qui marchent contre

lui pour venger leur père et pour ressaisir le
royaume. Il veut faire égorger lady Macduff et ses
enfants.

Avant l'arrivée des meurtriers, lady Macduff s'entretient avec son fils.

LADY MACDUFF.

Cher petit, votre père est mort, comment allez-
vous vivre?

L'ENFANT.

Comme les oiseaux, mère!

LADY MACDUFF.

Quoi! de vers et de mouches?

L'ENFANT.

Je veux dire, de ce que je trouverai: comme eux.

LADY MACDUFF.

Pauvre oiseau! tu ne craindrais jamais le filet, ni
la glu, ni les piéges, ni le trébuchet!

L'ENFANT.

Pourquoi les craindrais-je, mère? Ils ne sont pas
faits pour les pauvres oiseaux. Mon père n'est pas
mort, quoi que vous disiez.

LADY MACDUFF.

Si, il est mort. Comment remplaceras-tu un père ?

L'ENFANT.

Et vous, comment remplacerez-vous un mari ?

LADY MACDUFF.

Ah ! je puis en acheter vingt au marché.

L'ENFANT.

Alors, vous ne les achèterez que pour les re-
vendre.

LADY MACDUFF.

Tu parles avec tout ton esprit, et, ma foi, avec
assez d'esprit pour ton âge.

L'ENFANT.

Est-ce que mon père était un traître, mère ?

LADY MACDUFF.

Oui, c'en était un.

L'ENFANT.

Qu'est-ce que c'est qu'un traître ?

LADY MACDUFF.

Eh bien ! c'est quelqu'un qui fait un faux serment.

L'ENFANT.

Et ce sont des traîtres tous ceux qui font ça ?

LADY MACDUFF.

Quiconque le fait est un traître et mérite d'être
pendu.

L'ENFANT.

Et tous ceux qui font un faux serment méritent-
ils d'être pendus ?

LADY MACDUFF.

Tous.

L'ENFANT.

Qui est-ce qui doit les pendre ?

LADY MACDUFF.

Eh bien ! les honnêtes gens.

L'ENFANT.

Alors les faiseurs de faux serments sont des imbé-
ciles ; car ils sont assez nombreux pour battre les
honnêtes gens et les pendre.

LADY MACDUFF.

Que Dieu te vienne en aide, pauvre singe ! Qui te
tiendra lieu de père ?

L'ENFANT.

Si mon père était mort, vous le pleureriez; si vous
ne le pleuriez pas, ce serait signe que j'en aurais
bien vite un nouveau.

LADY MACDUFF.

Petit bavard! comme tu jases!

Cette sublime et candide réponse de l'enfant avant
celle de Racine dans *Athalie*,

Aux petits des oiseaux il donne la pâture.

l'égale et la surpasse, car elle ne déclame pas. L'invention, de plus, en appartient à Shakspeare. Mais
Racine ne la connaissait pas : il n'était donc pas pla-
giaire. La nature dans Shakspeare avait inventé
mieux que la rhétorique.

V

Ici le poëte nous transporte en Angleterre et nous
rend témoins d'une scène évidemment légendaire
entre Macduff, qui est allé offrir la couronne d'Écosse
à Malcolm, fils réfugié de Duncan, et ses sujets.
Malcolm, pour éprouver Macduff et déjouer le piége
qu'il suppose, se peint lui-même, dans ses réponses,

comme un scélérat capable de toutes les débauches et de tous les forfaits qui feront gémir ses sujets futurs sous tous les vices de son caractère. Les Écossais seraient-ils assez fous pour lui rendre la couronne! Macduff s'indigne et retire ses propositions. Malcolm alors le rappelle et lui dit qu'il a voulu seulement l'éprouver. Ils se concertent pour marcher ensemble à la tête de six mille hommes contre le tyran dans son château de Dunsinane.

Entre ROSSE.

MACDUFF le questionne :

Voyons, ne soyez pas avare de vos paroles. Où en sont les choses?

ROSSE.

Quand je suis parti pour porter ici les nouvelles qui m'ont accablé, le bruit courait que beaucoup de braves gens s'étaient mis en campagne ; et j'y crois d'autant plus volontiers, que j'ai vu sur pied les forces du tyran. Le moment de la délivrance est venu : un regard de vous en Écosse créerait des soldats, et ferait que nos femmes même combattraient pour mettre fin à leurs cruelles angoisses.

MALCOLM.

Qu'elles se consolent ; nous partons pour l'Écosse.

Sa Majesté d'Angleterre nous a prêté dix mille hommes et le brave Siward ; pas de plus vieux ni de meilleur soldat que lui dans la chrétienté.

ROSSE.

Plût au ciel que je pusse répondre à ces consolations par d'autres ! mais j'ai des paroles qui devraient être hurlées dans un désert où aucune oreille ne les saisirait.

MACDUFF.

Qui intéressent-elles ? la cause générale ? ou ne sont-elles qu'un tribut de douleur dû à un seul cœur ?

ROSSE.

Il n'est pas d'âme honnête qui ne prenne une part à ce malheur, bien que la plus grande en revienne à vous seul.

MACDUFF.

Si elle doit m'échoir, ne me la gardez pas ; donnez-la-moi vite.

ROSSE.

Que vos oreilles n'aient pas de ma voix une horreur éternelle, si elle leur transmet le son le plus accablant qu'elles aient jamais entendu.

MACDUFF.

Humph ! je devine !

ROSSE.

Votre château a été surpris, votre femme et vos
enfants massacrés par des barbares. Vous raconter
les détails, ce serait à la curée de ces meurtres ajouter votre mort.

MALCOLM.

Ciel miséricordieux!... Allons! mon cher, n'enfon-
cez pas votre chapeau sur vos sourcils! Donnez la
parole à la douleur : le chagrin qui ne parle pas
murmure au cœur gonflé l'ordre de se briser.

MACDUFF.

Mes enfants aussi?

ROSSE.

Femme, enfants, serviteurs, tout ce qu'ils ont pu
trouver.

MACDUFF.

Et il a fallu que je fusse absent! Ma femme tuée
aussi?

ROSSE.

J'ai dit.

MALCOLM.

Prenez courage. Faisons de notre grande vengeance un remède qui guérisse cette mortelle douleur.

MACBETH.

Il n'a pas d'enfants!... Tous mes jolis petits?
— Avez-vous dit tous?... Oh! infernal milan! Tous?
— Quoi! tous mes jolis poussins, et leur mère, déni-
chés d'un seul coup?

MALCOLM.

Raisonnez la chose comme un homme.

MACDUFF.

Oui, mais il faut bien aussi que je la sente en
homme. Je ne puis oublier qu'il a existé des êtres
qui m'étaient si précieux... Le ciel a donc regardé
cela sans prendre leur défense? Coupable Macduff,
ils ont tous été frappés à cause de toi! Misérable que
je suis, ce n'est pas leur faute, c'est la mienne, si le
meurtre s'est abattu sur leurs âmes. Que le ciel les
repose maintenant!

MALCOLM.

Que ceci soit la pierre où votre épée s'aiguise! Que
la douleur se change en colère! n'émoussez pas votre
cœur, enragez-le!

MACDUFF.

Oh! moi! me borner à jouer la femme par les yeux
et le bravache par la langue!... Non! Ciel clément,

coupe court à tout délai : mets-moi front contre front
avec ce démon de l'Écosse, place-le à la longueur de
mon épée, et, s'il m'échappe, ô ciel, pardonne-lui
aussi!

MALCOLM.

Voilà de virils accents. Allons, rendons-nous près
du roi; nos forces sont prêtes: il ne nous manque
plus que les adieux. Macbeth est mûr pour la chute,
et les puissances d'en haut font mouvoir leurs instruments. Acceptez tout ce qui peut vous consoler. —
Elle est longue la nuit qui ne trouve jamais le jour!

(Ils sortent.)

Nous sommes de nouveau transportés en Écosse, au
château royal de Macbeth, pour assister aux deux
catastrophes du roi et de sa femme.

Le médecin de la reine est appelé pour la veiller
dans sa démence.

LE MÉDECIN.

Qu'est-ce qu'elle fait là? Regardez comme elle se
frotte les mains.

LA DAME DE SERVICE.

C'est un geste qui lui est habituel, d'avoir ainsi
l'air de se laver les mains. Je l'ai vue faire cela pendant un quart d'heure.

LADY MACBETH.

Il y a toujours une tache.

LE DOCTEUR.

Écoutez! elle parle : je vais noter tout ce qui sortira de sa bouche, pour fixer plus fermement mon souvenir.

LADY MACBETH.

Va-t'en, tache damnée! va-t'en, dis-je... Une! Deux! Alors il est temps d'agir!... L'enfer est sombre!... Fi! monseigneur, fi! un soldat avoir peur!... A quoi bon redouter qu'on le sache, quand nul ne pourra demander de comptes à notre toute-puissance? Pourtant qui aurait cru que le vieux homme avait en lui tant de sang?

LE MÉDECIN.

Remarquez-vous cela?

LADY MACBETH.

Le thane de Fife avait une femme; où est-elle à présent?... Quoi! ces mains-là ne seront donc jamais propres?... Assez, monseigneur, assez : vous gâtez tout avec ces tressaillements.

LE MÉDECIN.

Allez! allez! vous en savez plus que vous ne devriez!

LA DAME DE SERVICE.

Elle a parlé plus qu'elle n'aurait dû, je suis sûre de cela. Le ciel sait ce qu'elle sait!

LADY MACBETH.

Il y a toujours l'odeur du sang... Tous les parfums d'Arabie ne rendraient pas suave cette petite main! Oh! oh! oh!

LE MÉDECIN.

Quel soupir! le cœur est douloureusement chargé.

LA DAME DE SERVICE.

Je ne voudrais pas avoir dans mon sein un cœur pareil pour tous les honneurs rendus à sa personne.

LE MÉDECIN.

Bien, bien, bien.

LA DAME DE SERVICE.

Priez Dieu que tout soit bien, monsieur.

LE MÉDECIN.

Cette maladie échappe à mon art; cependant j'ai connu des gens qui se sont promenés dans leur sommeil et qui sont morts saintement dans leur lit.

LADY MACBETH.

Lavez vos mains, mettez votre robe de nuit; ne
soyez pas si pâle... Je vous le répète, Banquo est
enterré; il ne peut pas sortir de sa tombe.

LE MÉDECIN.

Serait-il vrai?

LADY MACBETH.

Au lit! au lit! on frappe à la porte. Venez, venez,
venez, venez, donnez-moi votre main! Ce qui est fait
ne peut être défait: au lit! au lit! au lit! (Sort lady
Macbeth.)

LE MÉDECIN.

Ira-t-elle au lit maintenant?

LA DAME DE SERVICE.

Tout droit.

LE MÉDECIN.

D'horribles choses ont été murmurées... Des actions contre nature produisent des troubles contre
nature; les consciences infectées déchargent leurs
secrets sur les sourds oreillers. Elle a plus besoin du
prêtre que du médecin. — Dieu! Dieu, pardonne-
nous à tous!...

On sent qu'elle va mourir de la mort qu'elle a donnée à Duncan.

VI

On assiste là au trouble d'esprit et à l'inconsistance de résolution de Macbeth, tantôt voulant une chose, tantôt une autre, mais toujours brave et résolu à combattre les forces anglaises qui s'avancent vers sa demeure. On lui annonce la fin du délire de la reine, la mort!

MACBETH.

Elle aurait dû mourir plus tard!... le moment serait toujours venu de dire ce mot-là!... Demain, puis demain, puis demain! se glisse à petits pas, de jour en jour, jusqu'à la dernière syllabe du registre des temps. Tous nos héros n'ont fait, fous que nous sommes, que nous éclairer le chemin vers la mort poudreuse. Éteins-toi, éteins-toi, courte chandelle! La vie n'est qu'une ombre qui passe; un pauvre comédien qui se pavane et s'agite durant son heure sur la scène et qu'ensuite on n'entend plus! C'est un conte dit par un idiot avec grand bruit et grande passion, et qui ne signifie rien... (Entre un messager.)

Tu viens pour user de ta langue; ton histoire, vite!

LE MESSAGER.

Mon gracieux seigneur, je voudrais rapporter ce que j'affirme avoir vu; mais je ne sais comment faire.

MACBETH.

Eh bien! parlez, monsieur!

LE MESSAGER.

Comme je montais ma garde sur la colline, j'ai regardé du côté de Birnam, et tout à coup il m'a semblé que la forêt se mettait en mouvement.

MACBETH, le frappant.

Misérable menteur!

LE MESSAGER.

Que j'endure votre fureur si cela n'est pas vrai; vous pouvez, à trois milles d'ici, la voir qui arrive; je le répète, c'est un bois mouvant.

MACBETH.

Si ton rapport est faux, je te ferai pendre vivant au premier arbre, jusqu'à ce que la faim te dessèche; s'il est sincère, je me soucie peu que tu m'en fasses autant. J'abandonne toute résolution, et je commence à soupçonner l'équivoque du démon qui ment en disant vrai. « Ne crains rien jusqu'à ce que la forêt de

Birnam marche sur Dunsinane! » Et voici que la forêt
marche vers Dunsinane... Aux armes! aux armes, et
sortons! Si ce qu'il affirme est réel, peu importe que
je fuie d'ici ou que j'y reste. Je commence à être las
du soleil, et je voudrais que l'empire du monde fût
anéanti en ce moment. Qu'on sonne la cloche d'a-
larme!...Vent, souffle! viens, destruction! Vous mour-
rons du moins le harnais sur le dos. (Ils sortent.)

SCÈNE XXIV.

(Une plaine devant le château.)

Entrent, sous des drapeaux, au son des tambours, MALCOLM,
le vieux SIWARD, MACDUFF, etc., et des soldats portant des branches d'arbres.

MALCOLM.

Assez près, maintenant! Jetez vos écrans de feuillage, et montrez-vous comme vous êtes... Vous, digne oncle, avec mon cousin, votre noble fils, vous
commanderez notre front de bataille; le digne Macduff
et nous, nous nous chargeons du reste, conformé-
ment à notre plan.

SIWARD.

Adieu. Pour peu que nous rencontrions ce soir les

forces du tyran, je veux être battu si nous ne les attaquons pas.

MACDUFF.

Faites parler toutes nos trompettes; donnez-leur tout leur souffle, à ces bruyants hérauts du sang et de la mort. (Ils sortent. Fanfares d'alarme prolongées.)

SCÈNE XXV.

[Dunsinane. Une autre partie de la plaine.]

MACBETH.

J'ai été lié à un poteau; je ne puis pas fuir, et il faut que je me batte jusqu'au bout comme un ours... Où est celui qui n'est pas né d'une femme? C'est lui que je dois craindre, ou personne.

Entre le jeune SIWARD.

LE JEUNE SIWARD.

Quel est ton nom?

MACBETH.

Tu seras effrayé de l'entendre.

LE JEUNE SIWARD.

Non, quand tu l'appellerais d'un nom plus brûlant
que tous ceux de l'enfer.

MACBETH.

Mon nom est Macbeth.

LE JEUNE SIWARD.

Le diable lui-même ne pourrait prononcer un titre
plus odieux à mon oreille.

MACBETH.

Non, ni plus terrible.

LE JEUNE SIWARD.

Tu mens, tyran abhorré; avec mon épée je vais te
prouver ton mensonge. (Ils se battent; le jeune Siward est
tué.)

MACBETH.

Tu étais né d'une femme... Je souris aux épées, je
ris jusqu'au dédain des armes brandies par un homme
qui est né d'une femme. (Il sort.)

Fanfare d'alarme. Entre MACDUFF.

MACDUFF.

Le bruit est de ce côté... Tyran, montre ta face;

si tu n'es pas tué de ma main, les ombres de ma
femme et de mes enfants me hanteront toujours. Je
ne puis pas frapper les misérables Irlandais, dont les
bras sont loués pour porter des bâtons. C'est toi,
Macbeth, qu'il me faut; sinon, je rentrerai au fourreau, sans en avoir essayé la lame, mon épée inac-
tive. Tu dois être par là. Ce grand cliquetis semble
annoncer un combattant du plus grand renom. Fais-
le-moi trouver, fortune! et je ne demande plus rien.
(Il sort. Fanfare d'alarme.)

Entrent MALCOLM et le vieux SIWARD.

SIWARD.

Par ici, monseigneur;... le château s'est rendu sans
résistance; les gens du tyran combattent dans les
deux armées: les nobles thanes guerroient brave-
ment; la journée semble presque se déclarer pour
vous, et il reste peu à faire.

MALCOLM.

Nous avons rencontré des ennemis qui frappent en
l'air.

SIWARD.

Entrons dans le château, seigneur. (Ils sortent. Fanfare
d'alarme.)

Rentre MACBETH.

MACBETH.

Pourquoi jouerais-je le fou romain et me tuerais-je de ma propre épée? Tant que je verrai des vivants, ses entailles feront mieux sur eux.

Rentre MACDUFF.

MACDUFF.

Tourne-toi, limier d'enfer, tourne-toi.

MACBETH.

De tous les hommes, je n'ai évité que toi seul; mais va-t'en! mon âme est déjà trop chargée du sang des tiens.

MACDUFF.

Je n'ai pas de paroles, ma voix est dans mon épée, misérable aux crimes sans nom! (Ils se battent.)

MACBETH.

Tu perds ta peine. Tu pourrais aussi aisément balafrer de ton épée l'air impalpable que me faire saigner. Que ta lame tombe sur des cimiers vulnérables: j'ai une vie enchantée qui ne peut pas céder à un être né d'une femme.

MACDUFF.

N'espère plus dans ce charme. Que l'ange que tu as toujours servi t'apprenne que Macduff a été arraché du sein de sa mère avant terme.

MACBETH.

Maudite soit la langue qui me dit cela! car elle vient de battre en moi le meilleur de l'homme. Qu'on ne croie plus désormais ces démons jongleurs qui équivoquent avec nous par des mots à double sens, qui tiennent leur promesse pour notre oreille, et la violent pour notre espérance!... Je ne me battrai pas avec toi.

MACDUFF.

Alors, rends-toi, lâche! Et vis pour être le spectacle et l'étonnement du siècle. Nous mettrons ton portrait, comme celui de nos monstres rares, sur un poteau, et nous écrirons dessous : « Ici on peut voir le tyran. »

MACBETH.

Je ne me rendrai pas. Pour baiser la terre devant les pas du jeune Malcolm! ou pour entendre la canaille aboyer contre moi ses malédictions! Bien que la forêt de Birnam soit venue à Dunsinane, et que tu sois mon adversaire, toi qui n'es pas né d'une femme, je tenterai la dernière épreuve; j'étends devant mon corps mon belliqueux bouclier : frappe, Macduff: et damné soit celui qui le premier criera : « Arrête! assez! » (Ils sortent en se battant. — Retraite. Fanfare.)

Rentrent MALCOLM, le vieux SIWARD, ROSSE,
et des soldats.

MALCOLM.

Je voudrais que les amis qui nous manquent fussent ici sains et saufs!

SIWARD.

Il faut bien en perdre. Et pourtant, à voir ceux qui restent, une si grande journée ne nous a pas coûté cher.

MALCOLM.

Macduff nous manque, ainsi que votre noble fils.

ROSSE, à Siward.

Votre fils, mylord, a payé la dette du soldat ; il n'a vécu que jusqu'à ce qu'il fût un homme : à peine sa prouesse lui a-t-elle confirmé ce titre au poste où il a combattu sans lâcher pied, qu'il est mort comme un homme.

SIWARD.

Il est donc mort?

ROSSE.

Oui, et emporté du champ de bataille. Votre douleur ne doit pas se mesurer à son mérite, car alors elle n'aurait pas de fin.

SIWARD.

A-t-il reçu ses blessures par devant?

ROSSE.

Oui, de face.

SIWARD.

Eh bien! qu'il soit le soldat de Dieu! Eussé-je autant de fils que j'ai de cheveux, je ne leur souhaiterais pas une plus belle mort. Il suffit : voilà son glas sonné.

MALCOLM.

Il mérite plus de regrets; il les aura de moi.

SIWARD.

Il n'en mérite pas plus. On dit qu'il est bien parti, et qu'il a payé son écot. Il suffit. Que Dieu soit avec lui!... Voilà une consolation nouvelle.

Rentre **MACDUFF**, portant la tête de **MACBETH**.

MACDUFF.

Salut, roi! car tu l'es. Regarde ce qu'est devenue la tête maudite de l'usurpateur. Notre temps est libre! Ceux que je vois autour de toi, perles de ta couronne, répètent mentalement mon salut; je leur demande de s'écrier tout haut avec moi : Salut, roi d'Écosse!

TOUS.

Salut, roi d'Écosse! (Fanfare.)

Voilà *Macbeth*! C'est le crime! c'est le remords! c'est la faiblesse de l'homme fort contre la séduction de la femme passionnée et perverse. C'est surtout l'expiation immédiate du forfait par la vengeance occulte de Dieu. On y sent l'invincible honnêteté de Shakspeare. Le poëte est d'intelligence avec Dieu.

Il s'en faut de beaucoup cependant que *Macbeth* vaille *Hamlet* comme conception dramatique. La feinte folie d'Hamlet et la faiblesse de sa mère, et les larmes et la mort d'Ophélia sont des éléments tragiques bien autrement féconds en situations que les deux gros crimes purs et simples de *Macbeth*. Les sorcières sont loin de l'apparition nécessaire de l'ombre du roi, père d'Hamlet, qui gouverne et

éclaire la résolution d'abord chancelante de son fils.
Le dénoûment seul est faible, pressé, confus. Le
poëte, on le voit, ne sait comment se débarrasser de
cette masse de coupables, de demi-coupables et
d'innocents qui ne peuvent plus vivre parce qu'ils
ne peuvent plus ni régner innocemment, ni s'unir
convenablement comme Ophélia et Hamlet, meurtrier
par hasard de son père. Il les jette tous avec peu de
vraisemblance aux dieux infernaux; mais la pièce,
à cela près, est la tragédie la plus tragique de tous les
théâtres; Macbeth, c'est la fatalité du crime! M. Jules
Lacroix vient de l'immortaliser de nouveau dans notre
langue, avec un talent qui ne rougit pas d'avouer
l'origine de son inspiration. Qu'importe que cette
inspiration vienne d'Athènes ou de Londres? *Oreste*
ou *Macbeth* ne sont que des noms, celui qui les fait
agir ou parler, dans quelque langue que ce soit,
est le vrai créateur.

VII

Après ces immortels chefs-d'œuvre de Shakspeare,
des drames latins d'origine, tels que *Jules César.
Othello, le Roi Lear*, se disputent l'admiration de
l'univers; nous ne les analyserons pas. Il nous est
cependant impossible de ne pas remarquer dans

Jules César, Antoine, Brutus, Cassius, Cicéron, l'étonnante compréhension d'homme d'État que Shakspeare avait puisé dans Plutarque : il avait compris Rome et le peuple romain comme s'il était né sur le *quirinal*. Lisez l'habile discours d'Antoine au peuple romain, au commencement duquel Antoine semble tâter son auditoire et vouloir maudire César, et à la fin duquel il lit le testament du dictateur en faveur du peuple, déploie sa robe percée de coups de poignards, et finit par lui faire arracher les bancs et la tribune pour y mettre le feu et aller incendier les maisons des meurtriers de César. Il n'y a rien de plus beau, parce qu'il n'y a rien de plus vrai dans l'histoire de l'habileté de l'orateur politique et de la versatilité du peuple.

VIII

Quant à Othello, ce n'est que le roi des mélodrames. Un vieux More, qui a bien servi la république de Venise, inspire une passion ardente et sincère à Desdémona, fille d'un citoyen vénitien, et l'épouse. Il a dans sa domesticité un vil traître appelé Iago, qui craint l'influence de la nouvelle épouse sur le More et qui cherche à lui inspirer d'odieux soupçons contre la fidélité de Desdémona. Othello est envoyé par la République à Chypre pour la défendre contre la flotte des Turcs qui doit l'attaquer. La tempête engloutit la flotte. Othello, accompagné de Cassio, son brave et fidèle lieutenant, arrive dans l'île ; Iago, par une série de perfidies, parvient à donner à Des-démona les apparences du crime avec l'innocent lieutenant Cassio. Othello entre dans la fureur jalouse et sombre attribuée à sa race.

Voici la dernière scène de cette abominable boucherie plutôt que tragédie : il y a horreur, mais peu de talent ; ce sont les actes et les cris forcenés d'un insensé qui étouffe celle qu'il adore ; l'horreur seule a attaché le peuple à cette abomination. Voici l'acte du crime, toute la tragédie dans les dernières scènes ; on en jugera. Cela est à mille lieues d'*Hamlet* et même de *Macbeth*.

SCÈNE XVI.

[Une chambre à coucher. Desdémona est au lit endormie. Près d'elle un flambeau allumé.]

Entre OTHELLO.

OTHELLO.

C'est la cause, c'est la cause, ô mon âme ! Laissez-moi vous la cacher à vous, chastes étoiles ! C'est la cause !... Pourtant je ne veux pas faire couler son

sang ni faire de cicatrice à cette peau plus blanche
que la neige et aussi lisse que l'albâtre monumental.
(Il dépose son épée.) Pourtant il faut qu'elle meure ; autrement, elle en trahirait d'autres. (Montrant le flambeau.)
Éteignons d'abord cette lumière, et puis... (Montrant
Desdémona.) éteignons celle-ci. Si je souffle sur toi, mi-
nistre de flamme, je puis ressusciter ta clarté première, pour peu que je me ravise... Mais, la tienne
une fois éteinte, ô modèle achevé de l'exquise nature,
je ne sais pas où est le feu prométhéen qui pourra
la rallumer !... Quand j'aurai cueilli cette rose, je ne
pourrai plus lui rendre sa séve vitale, il faudra qu'elle
se flétrisse ! Je veux la respirer sur la tige ! (Il l'embrasse.)
O haleine embaumée qui persuaderait presque à la
justice de briser son glaive !... Encore un ! encore
un ! (Il la couvre de baisers.) Sois ainsi quand tu seras
morte, et je vais te tuer, et je t'aimerai après... Encore un ! c'est le dernier ! Jamais chose si douce ne
fut aussi fatale. Il faut que je pleure, mais ce sont
des larmes cruelles. Cette douleur-là tient du ciel,
elle châtie qui elle aime... Elle s'éveille.

DESDÉMONA.

Qui est là ? Othello ?

OTHELLO.

Oui, Desdémona.

DESDÉMONA.

Voulez-vous venir au lit, monseigneur?

OTHELLO.

Avez-vous prié ce soir, Desdémona?

DESDÉMONA.

Oui, monseigneur.

OTHELLO.

Si vous vous souvenez de quelque crime que la grâce du ciel n'ait pas encore absous, implorez-la vite!

DESDÉMONA.

Hélas! monseigneur, que voulez-vous dire par là?

OTHELLO.

Allons! faites et soyez brève. Je vais marcher en attendant. Je ne voudrais pas tuer ton âme sans qu'elle fût préparée. Non. Le ciel m'en préserve! Je ne voudrais pas tuer ton âme.

DESDÉMONA.

Vous parlez de tuer!

OTHELLO.

Oui, j'en parle.

DESDÉMONA.

Alors, que le ciel ait pitié de moi!

OTHELLO.

Amen! de tout mon cœur!

DESDÉMONA.

Si vous parlez ainsi, j'espère que vous ne me tue-
rez pas.

OTHELLO.

Humph!

DESDÉMONA.

Et pourtant, j'ai peur de vous; car vous êtes fatal
quand vos yeux roulent ainsi. Pourquoi aurais-je
peur? Je l'ignore, puisque j'ignore ma faute; cependant je sens que j'ai peur.

OTHELLO.

Pense à tes péchés.

DESDÉMONA.

Ce sont les tendresses que j'ai pour vous.

OTHELLO.

Oui, et c'est pour cela que tu meurs.

DESDÉMONA.

C'est une mort contre nature que celle qui tue
pour crime d'amour. Hélas! pourquoi rongez-vous
ainsi votre lèvre inférieure? Quelque passion sanglante agite tout votre être. Ce sont de mauvais pré-
sages; mais pourtant j'espère, j'espère que ce n'est
pas moi qu'ils menacent.

OTHELLO,

Paix! et soyez calme.

DESDÉMONA,

J'obéis. Mais de quoi s'agit-il?

OTHELLO.

Ce mouchoir que j'aimais tant et que je t'avais
donné, tu l'as donné à Cassio.

DESDÉMONA.

Non, sur ma vie et sur mon âme! Faites venir
l'homme et interrogez-le.

OTHELLO.

Chère âme, prends garde, prends garde au parjure : tu es sur ton lit de mort.

DESDÉMONA.

Oui, mais pas pour y mourir encore!

OTHELLO.

Si! immédiatement! Donc confesse franchement ton
crime ; car tu aurais beau en nier sous serment tous
les chefs, tu n'écarterais pas, tu n'étoufferais pas la
forte conviction dont je gémis. Tu vas mourir.

DESDÉMONA.

Alors, que le Seigneur ait pitié de moi!

OTHELLO.

Amen, encore une fois!

DESDÉMONA.

Et vous aussi, ayez pitié! Jamais je ne vous ai
offensé de ma vie ; jamais je n'ai aimé Cassio que
de cette ordinaire affection à laquelle le ciel m'auto-
risait. Jamais je ne lui ai donné de gage.

OTHELLO.

Par le ciel! J'ai vu mon mouchoir à sa main!
O femme parjure! tu pétrifies mon cœur, en voulant
me faire voir dans l'action que j'ai résolue un meurtre, et non plus un sacrifice! J'ai vu le mouchoir!

DESDÉMONA.

Alors, c'est qu'il l'a trouvé. Je ne le lui ai jamais
donné. Faites-le venir, et qu'il avoue la vérité!

OTHELLO.

Il a avoué.

DESDÉMONA.

Quoi, monseigneur?

OTHELLO.

Qu'il t'avait eue...

DESDÉMONA.

Quoi ! illégitimement ?

OTHELLO.

Oui.

DESDÉMONA.

Il ne le répétera pas.

OTHELLO.

Non, sa bouche est close ; l'honnête Iago y a mis
bon ordre.

DESDÉMONA.

Oh ! ma frayeur devine ! Quoi ! il est mort?

OTHELLO.

Quand il aurait eu autant de vies que de cheveux,
ma grande vengeance aurait eu de la rancune pour
elles toutes.

DESDÉMONA.

Hélas ! il est trahi et je suis perdue !

OTHELLO.

Fi donc, prostituée ! tu pleures pour lui devant ma face !

DESDÉMONA.

Oh ! bannissez-moi, monseigneur, mais ne me tuez pas.

OTHELLO.

A bas, prostituée !

DESDÉMONA.

Tuez-moi demain ! Laissez-moi vivre cette nuit !

OTHELLO.

Non ! Si vous vous débattez...

DESDÉMONA.

Rien qu'une demi-heure !

OTHELLO.

A l'exécution pas de sursis !

DESDÉMONA.

Rien que le temps de dire une prière !

OTHELLO.

Il est trop tard ! (Il l'étouffe.)

DESDÉMONA, se débattant.

Dieu !... Dieu !... Dieu !

ÉMILIA, dans l'intérieur du théâtre.

Monseigneur ! monseigneur ! Holà ! monseigneur !
monseigneur !

OTHELLO.

Quel est ce bruit ?... Pas morte ! pas encore tout à
fait morte ! Tout cruel que je suis, je ne suis pas sans
pitié : je ne voudrais pas prolonger ton supplice !
Ainsi ! ainsi ! (Il l'achève.)

ÉMILIA, de l'intérieur.

Holà ! monseigneur ! monseigneur !

OTHELLO.

Qui est là ?

ÉMILIA.

Oh ! mon bon seigneur, je voudrais vous dire un
mot.

OTHELLO.

Oui... c'est Émilia... Tout à l'heure !... Elle est
morte... Il est probable qu'elle vient me parler de la

mort de Cassio : le bruit a été grand... Ah ! plus un mouvement ! Calme comme la tombe... Est-il bon que je la laisse entrer ? Je crois qu'elle remue encore... Non... Que faire ? Si elle entre, elle voudra sûrement parler à ma femme... Ma femme ! ma femme ! Quelle femme ? Je n'ai pas de femme. Oh ! insupportable idée ! Oh ! heure accablante ! Il me semble qu'il devrait y avoir à présent une immense éclipse du soleil et de la lune, et que le globe épouvanté devrait s'entr'ouvrir à ce bouleversement.

ÉMILIA, de l'intérieur.

Je vous en conjure, laissez-moi vous parler, oh ! mon bon seigneur !

OTHELLO.

Je t'avais oubliée. Allons, entre, Émilia. (Il va à la porte, puis se ravise et revient précipitamment vers le lit dont il ferme les rideaux.) Doucement !... Tout à l'heure !... Tirons les rideaux... Où es-tu ? Que me veux-tu à présent ! (Il ouvre la porte.)

Entre ÉMILIA.

ÉMILIA.

Oh ! mon bon seigneur, il y a un meurtre affreux commis là-bas.

OTHELLO.

Quoi! à l'instant?

ÉMILIA.

A l'instant même, monseigneur!

OTHELLO.

C'est la conséquence de l'aberration de la lune : elle approche de la terre plus près que de coutume, et elle rend fous les hommes.

ÉMILIA.

Monseigneur, Cassio a tué un jeune Vénitien nommé Roderigo.

OTHELLO.

Roderigo tué? Et Cassio tué?

ÉMILIA.

Non, Cassio n'est pas tué.

OTHELLO.

Cassio n'est pas tué? Alors le meurtre détonne, et l'harmonieuse vengeance est faussée!

DESDÉMONA, d'une voix expirante.

O injustement! injustement tuée!

ÉMILIA.

Ciel ! quel est ce cri ?

OTHELLO.

Ce cri ! Lequel ?

ÉMILIA, s'élançant vers le lit.

Horreur !... Hélas ! c'était la voix de madame... Au secours ! au secours ! Holà ! au secours ! O madame, parlez encore ! Douce Desdémona ! ô douce maîtresse ! parlez !

DESDÉMONA.

Je meurs innocente !

ÉMILIA.

Mais qui a commis cette action ?

DESDÉMONA.

Personne ! Moi ! moi-même ! Adieu. Recommande-moi à mon bon seigneur... Oh ! adieu ! (Elle meurt.)

OTHELLO.

Mais comment aurait-elle été assassinée ?

ÉMILIA.

Hélas ! qui sait ?

OTHELLO.

Vous l'avez entendue le dire elle-même : ce n'est pas moi.

ÉMILIA.

Elle l'a dit ; je suis tenue de rapporter la vérité.

OTHELLO.

Elle est allée, la menteuse, dans l'enfer brûlant : c'est moi qui l'ai tuée.

ÉMILIA.

Oh ! elle n'en est que plus un ange, et vous n'en êtes qu'un plus noir démon.

OTHELLO.

Elle tournait au dévergondage, et c'était une putain!

ÉMILIA.

Tu la calomnies et tu es un démon.

OTHELLO.

Elle était trompeuse comme l'onde.

ÉMILIA.

Tu es effréné comme la flamme d'oser dire qu'elle était trompeuse. Oh ! elle était d'une loyauté céleste.

OTHELLO.

Cassio l'avait saillie! Demande à ton mari d'ailleurs. Oh! je serais damné au-dessous de toutes les profondeurs de l'enfer, si je n'étais pas allé, sur le terrain du juste, jusqu'à cette extrémité. Ton mari a su tout cela.

ÉMILIA.

Mon mari?

OTHELLO.

Ton mari!

ÉMILIA.

Qu'elle était infidèle au lit nuptial?

OTHELLO.

Oui, avec Cassio. Si elle avait été fidèle, quand le ciel m'aurait offert un autre univers formé d'une seule topaze massive et pure, je ne l'aurais pas cédée en échange.

ÉMILIA.

Mon mari?

OTHELLO.

Oui, c'est lui qui m'a le premier parlé d'elle... C'est un honnête homme, et il a horreur de la fange qui s'attache aux actions immondes.

ÉMILIA.

Mon mari?

OTHELLO.

A quoi bon cette répétition, femme? Je dis ton
mari.

ÉMILIA.

O ma maîtresse, la scélératesse à pris pour jouet
l'amour. Mon mari a dit qu'elle était infidèle?

OTHELLO.

Lui-même, femme. Je dis ton mari, comprends-tu
le mot? Mon ami, ton mari, l'honnête, l'honnête Iago!

ÉMILIA.

S'il a dit cela, puisse son âme pernicieuse pourrir
d'un demi-atome chaque jour! Il a menti du fond du
cœur! Elle n'était que trop follement éprise de son
affreux choix.

OTHELLO, menaçant.

Ah!

ÉMILIA.

Fais ce que tu voudras. Ton action n'est pas plus
digne du ciel, que tu n'étais digne d'elle.

OTHELLO, la main sur son épée.

Taisez-vous! cela vaudra mieux!

ÉMILIA.

Tu n'as pas pour faire le mal la moitié de la force que j'ai pour le souffrir. O dupe! ô idiot! aussi ignorant que la crasse! tu as commis une action... Je ne m'inquiète pas de ton épée... Je te ferai connaître, dussé-je perdre vingt vies!... Au secours! holà! Au secours!... Le More a tué ma maîtresse! Au meurtre! au meurtre!

Entrent MONTANO, GRATIANO et IAGO.

MONTANO.

Que s'est-il passé? Qu'y a-t-il, général?

ÉMILIA.

Ah! vous voilà, Iago! Il faut que vous ayez bien agi, pour que les gens vous jettent leurs meurtres sur les épaules!

GRATIANO.

Que s'est-il passé?

ÉMILIA, à Iago, montrant Othello.

Démens ce misérable, si tu es un homme! Il prétend que tu as dit que sa femme le trompait. Je sais bien que tu ne l'as pas dit : tu n'es pas un tel misérable. Parle, car mon cœur déborde.

IAGO.

Je lui ai dit ce que je pensais, et je ne lui ai rien
dit qu'il n'ait trouvé lui-même juste et vrai.

ÉMILIA.

Mais lui avez-vous jamais dit qu'elle le trompait?

IAGO.

Oui.

ÉMILIA.

Vous avez dit un mensonge, un odieux, un damné
mensonge! Un mensonge, sur mon âme! un infâme
mensonge! Elle, le tromper! avec Cassio!... Avez-
vous dit avec Cassio?

IAGO.

Avec Cassio, mistress! Allons, retenez votre langue
sous le charme!

ÉMILIA.

Je ne veux pas retenir ma langue. C'est mon devoir
de parler. Ma maîtresse est ici gisante, assassinée
dans son lit.

TOUS.

A Dieu ne plaise!

ÉMILIA.

Et ce sont vos rapports qui ont provoqué l'assassinat!

OTHELLO.

Çà, ne vous ébahissez pas, mes maîtres : c'est la
vérité.

GRATIANO.

C'est une étrange vérité.

MONTANO.

O monstrueuse action !

ÉMILIA.

Trahison ! trahison ! trahison ! J'y songe, j'y songe...
Je devine ! Oh ! trahison ! trahison !... Je l'ai pensé
alors !... Je me tuerai de douleur... Oh ! trahison !

IAGO.

Allons, êtes-vous folle ? Rentrez à la maison, je
vous l'ordonne.

ÉMILIA.

Mes bons messieurs, ne me laissez pas interdire la
parole ! Il est juste que je lui obéisse, mais pas à présent ! Il se peut, Iago, que je ne retourne jamais à la
maison.

OTHELLO, se jetant sur le corps de Desdémona.

Oh ! oh ! oh !

ÉMILIA.

Oui, jette-toi là et rugis! Car tu as tué la plus ado-
rable innocente qui ait jamais levé les yeux au ciel.

OTHELLO.

Oh! elle était impure! (se relevant.) Je ne vous recon-
naissais pas, mon oncle : votre nièce est ici gisante :
ces mains viennent en effet de lui ôter le souffle. Je
sais que cette action est horrible et hideuse.

GRATIANO.

Pauvre Desdémona! Je suis heureux que ton père
ne soit plus! Ton mariage lui a été fatal, et une pure
douleur a tranché le fil usé de ses jours. S'il vivait
encore, ce spectacle l'aurait jeté dans le désespoir; il
aurait maudit son bon ange, et il serait tombé parmi
les réprouvés.

OTHELLO.

C'est bien malheureux, mais Iago sait qu'elle a
mille fois commis avec Cassio l'acte d'impudeur.
Cassio l'a avoué. Et elle l'a récompensé de ses tendres labeurs en lui donnant le premier souvenir, le
premier gage d'amour qu'elle avait eu de moi; je
l'ai vu à la main de Cassio; c'était un mouchoir, antique offrande que ma mère avait reçue de mon père.

ÉMILIA.

O ciel! ô puissances célestes!

IAGO.

Allons! taisez-vous!

ÉMILIA.

Le jour se fera! le jour se fera!... Me taire, monsieur? Non! — Non, je veux parler, libre comme l'air! Quand le ciel et les hommes et les démons, quand tous, tous, tous crieraient : Honte sur moi! je parlerai.

IAGO.

Soyez raisonnable et rentrez.

ÉMILIA.

Je ne veux pas. (Iago menace sa femme de son épée.)

GRATIANO.

Fi! Votre épée contre une femme!

ÉMILIA.

O More stupide! ce mouchoir dont tu parles, je l'avais trouvé par hasard et donné à mon mari; car maintes fois, avec une insistance solennelle que ne méritait pas un pareil chiffon, il m'avait suppliée de le voler!

IAGO.

Misérable catin!

ÉMILIA.

Elle l'a donné à Cassio? Non. Hélas! c'est moi qui l'ai trouvé et qui l'ai donné à mon mari!

IAGO.

Carogne, tu mens!

ÉMILIA.

Par le ciel, je ne mens pas! Je ne mens pas, messieurs! (a Othello.) O meurtrier idiot! qu'est-ce qu'un fou pareil pouvait faire d'une si noble femme? (Iago frappe Émilia de son épée et se sauve.)

OTHELLO.

N'y a-t-il donc de foudres au ciel que pour tonner? Oh! l'insigne scélérat! (Pendant qu'Othello parle, Montáno lui enlève son épée.)

GRATIANO, montrant Émilia qui chancelle.

Elle tombe; pour sûr, il a tué sa femme.

ÉMILIA.

Oui, oui. Oh! mettez-moi à côté de ma maîtresse. (On la porte sur le lit.)

GRATIANO.

Il s'est enfui, laissant sa femme assassinée.

MONTANO.

L'infâme scélérat! Prenez cette épée que je viens de retirer au More, et allez garder la porte en dehors; ne le laissez pas sortir. tuez-le plutôt. Moi, je cours après le fuyard, car c'est un misérable damné! (Montano et Gratiano sortent.)

OTHELLO.

Je ne suis même plus vaillant. Le premier marmouset venu me prend mon épée! Mais de quel droit l'honneur survivrait-il à l'honnêteté? Que tout finisse à la fois!

ÉMILIA, d'une voix mourante.

Que présageait ta chanson, maîtresse?... Écoute! peux-tu m'entendre? Je vais faire comme le cygne et expirer en musique... *Le saule! Le saule! Le saule!*... More, elle était chaste; elle t'aimait, cruel More. Puisse mon âme n'aller à la béatitude qui si je dis vrai! En disant ce que je pense, je meurs, je meurs! (Elle expire.)

OTHELLO.

J'ai une autre arme dans cette chambre : c'est une épée d'Espagne trempée dans l'eau glacée. Oh! la

voici. *(s'avançant vers la porte.)* Mon oncle, il faut que je
sorte !

GRATIANO, du dehors.

Si tu essayes, il t'en coûtera cher. Tu n'as pas
d'arme ; il faut te résigner forcément.

OTHELLO.

Regarde-moi donc et parle-moi ; sinon, tout dés-
armé que je suis, je me jette sur toi !

Rentre GRATIANO.

GRATIANO.

Qu'y a-t-il ?

OTHELLO.

Regardez ! j'ai une arme : jamais meilleure épée
n'appuya sur la cuisse d'un soldat. J'ai vu le jour
où, avec ce faible bras et cette bonne lame, je me
suis fait un chemin à travers des obstacles vingt fois
plus puissants que votre résistance. Mais, ô vaine
forfanterie ! qui peut maîtriser sa destinée ? Il n'en
est plus ainsi à présent ! Ne vous effrayez pas, même
en me voyant armé. Voici le terme de mon voyage,
en voici le but, voici le point de repère de ma voile
épuisée ! Vous reculez d'effroi ? Crainte superflue !
Menacez seulement d'un roseau la poitrine d'Othello,

et il reculera... Où donc irait Othello? (Contemplant Desdémona.) Ah! quelle mine tu as maintenant, fille de mauvaise étoile! Pâle comme ta chemise! Quand nous nous rencontrerons au jour du jugement, ton apparition précipitera mon âme du ciel, et les démons l'attraperont. Froide! Froide, ma fille? Froide comme ta chasteté! O maudit, maudit scélérat! Fouettez-moi, démons, loin des jouissances de cette vision céleste! Soufflez-moi dans vos ouragans! Rôtissez-moi dans le soufre! Lavez-moi aux torrents profonds de la flamme liquide!... O Desdémona! Desdémona! Morte! morte! Oh! oh! oh!

Entrent LODOVICO, MONTANO, CASSIO, *porté sur un brancard, puis des officiers conduisant sous escorte* IAGO *prisonnier.*

LODOVICO.

Où est ce forcené? où est ce malheureux?

OTHELLO.

Voici celui qui fut Othello : me voici.

LODOVICO, *cherchant Iago.*

Et où est cette vipère? Faites avancer ce scélérat!

OTHELLO, *apercevant Iago.*

Je regarde ses pieds... Mais c'est une fable. Si tu es un diable, je ne puis te tuer. (Il blesse Iago.)

LODOVICO.

Arrachez-lui son épée.

IAGO.

Mon sang coule, monsieur; mais je ne suis pas
tué.

OTHELLO.

Je n'en suis pas fâché : je souhaite que tu vives ;
car, à mon sens, c'est un bonheur de mourir.

LODOVICO.

O Othello, toi qui, si bon jadis, es ainsi tombé
dans le piége d'un scélérat maudit, que peut-on te
dire ?

OTHELLO.

Tout ! tout ! Appelez-moi honorable meurtrier, si
vous voulez ; car je n'ai rien fait par haine, j'ai fait
tout par honneur.

LODOVICO.

Ce misérable a en partie confessé son crime. Étiez-
vous d'accord avec lui pour la mort de Cassio?

OTHELLO.

Oui.

CASSIO.

Cher général, je ne vous ai jamais donné sujet de
haine.

OTHELLO.

Je le crois, et j'implore votre pardon... Voulez-
vous, je vous prie, demander à ce demi-démon pourquoi il m'a ainsi englué corps et âme ?

IAGO.

Ne me demandez rien : ce que vous savez, vous le
savez. Désormais je ne dis plus une parole.

LODOVICO.

Quoi ! pas même pour prier ?

GRATIANO.

La torture vous ouvrira les lèvres.

OTHELLO, à Iago.

Tu fais bien, après tout.

LODOVICO.

Monsieur, vous allez apprendre ce qui est arrivé ;
car vous l'ignorez, je pense. Voici une lettre qu'on a
trouvée dans la poche de Roderigo assassiné, et en
voici une seconde. L'une prouve que Roderigo devait
se charger du meurtre de Cassio.

OTHELLO.

O scélérat !

CASSIO.

Abomination païenne !

LODOVICO.

L'autre est une lettre de reproches trouvée aussi
dans la poche du mort, que sans doute Roderigo voulait envoyer à ce damné scélérat, mais il paraît que
dans l'intervalle Iago est survenu et l'a satisfait.

OTHELLO.

O le pernicieux drôle ! Comment, Cassio, avez-vous
eu ce mouchoir qui était à ma femme ?

CASSIO.

Je l'ai trouvé dans ma chambre ; et lui-même vient
d'avouer à l'instant qu'il l'avait laissé tomber pour
le projet spécial qui a réussi selon ses désirs.

OTHELLO.

O fou ! fou ! fou !

CASSIO.

En outre, dans cette même lettre, Roderigo reproche à Iago de l'avoir poussé à me braver sur la place

de garde. Et tout à l'heure encore, quand on le
croyait mort depuis longtemps, il a dit qu'Iago l'avait
aposté et qu'Iago l'avait frappé.

LODOVICO, à Othello.

Vous allez quitter cette chambre et nous suivre.
Votre pouvoir, votre commandement vous sont enle-
vés, et c'est Cassio qui gouverne à Chypre. Quant à
ce gueux, s'il est quelque savant supplice qui puisse
le torturer en le laissant vivre longtemps, il lui est
réservé. (À Othello.) Vous, vous resterez prisonnier jusqu'à ce que la nature de votre faute soit connue du
sénat de Venise... Allons ! qu'on l'emmène !

OTHELLO.

Doucement, vous ! Un mot ou deux avant que vous
partiez ! J'ai rendu à l'État quelques services, on le
sait ; n'en parlons plus. Je vous en prie, dans vos
lettres, quand vous raconterez ces faits lamentables,
parlez de moi tel que je suis ; n'atténuez rien, mais
n'aggravez rien. Alors vous aurez à parler d'un
homme qui a aimé sans sagesse, mais qui n'a que
trop aimé ! d'un homme peu accessible à la jalousie,
mais qui, une fois travaillé par elle, a été entraîné
jusqu'au bout ! d'un homme dont la main, comme
celle du Juif immonde, a jeté au loin une perle plus
riche que toute sa tribu ! d'un homme dont les yeux
vaincus, quoique inaccoutumés à l'attendrissement,

versent des larmes aussi abondamment que les arbres
arabes leur gomme salutaire ! Racontez cela, et dites
en outre qu'une fois, dans Alep, voyant un Turc, un
mécréant en turban, battre un Vénitien et insulter
l'État, je saisis ce chien de circoncis à la gorge, et le
frappai ainsi. (Il se perce de son épée.)

LODOVICO.

O conclusion sanglante !

GRATIANO.

Toute parole serait perdue.

OTHELLO, s'affaissant sur Desdémona.

Je t'ai embrassée avant de te tuer... Il ne me reste
plus qu'à mourir en me tuant sur un baiser ! (Il expire
en l'embrassant.)

CASSIO.

Voilà ce que je craignais, mais je croyais qu'il
n'avait pas d'arme ; car il était grand de cœur !

LODOVICO, à Iago.

O limier de Sparte, plus féroce que l'angoisse, la
faim ou la mer, regarde le fardeau tragique de ce lit !
Voilà ton œuvre !... Ce spectacle empoisonne la vue !
Qu'on le voile ! (On tire les rideaux sur le lit.) Gratiano,
gardez la maison, et saisissez-vous des biens du
More, car vous en héritez. (A Cassio.) A vous, seigneur

gouverneur, revient le châtiment de cet infernal scélérat. Décidez l'heure, le lieu, le supplice... Oh! qu'il soit terrible! Quant à moi, je m'embarque à l'instant et je vais au sénat raconter, le cœur accablé, cette accablante aventure. (Ils sortent.)

Il n'y a rien dans tout cela qu'une horreur physique. On n'est pas poëte pour si peu; les bouchers feraient à ce prix les plus grandes tragédies du monde.

Les pièces historiques de l'histoire d'Angleterre sont très-supérieures à *Othello*, selon moi.

IX

Les pièces imaginaires ou de pure fantaisie sont des mélodrames tour à tour amusants ou terribles, qui donnent du génie de l'écrivain populaire une idée transcendante : *Mesure pour mesure*, les *Rêves d'une nuit d'été*, la *Tempête* surtout. Parcourons rapidement *la Tempête*, et voyons quelle fécondité d'imagination!

Voici ce qu'en dit un des écrivains les plus sagaces et les plus réfléchis de l'Académie française, M. de Pongerville.

« Prospero, duc de Milan, préférant le savoir cabalistique à l'art de régner, se laisse détrôner par son frère Antonio. Banni, errant sur la mer avec son

enfant, la jeune Miranda, Prospero aborde une île
déserte, qui appartenait à une espèce de sauvage
amphibie nommé Caliban, fils monstrueux d'un génie anéanti par les esprits des airs. Prospero asservit
ce Caliban, qui devient son esclave. Dans l'île, un
esprit aérien était enfermé dans l'écorce d'un arbre;
la science magique de Prospero le délivre. Celui-ci
se nomme Ariel, et se consacre par reconnaissance
au service de Prospero. Caliban est le serviteur gros-
sier attaché à la terre; Ariel, pure intelligence, exécute les volontés de son maître dans les airs. Ces
deux personnages, par un admirable contraste, re-
présentent l'abrutissement de l'ignorance et du vice
et la légèreté vive et brillante de l'intelligence.
Miranda, dans son désert, choyée par l'amour de
son puissant père, devient à quinze ans une merveille de beauté, d'innocence et de grâces. Alonzo,
parvenu au trône de Naples, son fils Ferdinand, Antonio, l'usurpateur de Milan, et Sébastien, frère du
roi, traversent la mer. Prospero l'apprend par son
art: il commande à son serviteur Ariel de soulever
une tempête qui jettera dans l'île sa famille coupable.
L'ordre s'exécute: les voyageurs, séparés par le naufrage, sont à leur insu portés sur la rive. Ferdinand
devient le compagnon d'esclavage de Caliban; il est
soumis à de rudes travaux. Miranda l'aperçoit; elle
le plaint, le contemple et le protége. Inspiré par
Prospero lui-même, un violent amour les embrase
tous deux. Le roi de Naples, Sébastien, Antonio et

leur suite errent dans une autre partie de l'île, sur-
veillés par des esprits invisibles. Le perfide Antonio
conseille à Sébastien de tuer le roi pendant son sommeil. Ariel, envoyé par Prospero, éveille le roi; les
traîtres remettent l'exécution de leur forfait à la nuit
suivante. Les voyageurs, pressés par la faim, se pla-
cent à une table que plusieurs fantômes avaient cou-
verte de mets : mais Ariel, sous la forme d'une har-
pie, leur reproche leurs forfaits, leur annonce que
les dieux vengent ici le crime qu'ils ont commis envers Prospero ; puis il disparaît au bruit du tonnerre.
Rien de plus comique que la tentative des matelots
ivrognes qui, aidés de Caliban, veulent se rendre
maîtres de l'île et dépouiller une seconde fois Prospero qu'ils ne reconnaissent pas. Mais l'omniscience
de l'ancien duc de Milan déjoue leur complot; il ordonne à Ariel de lui amener tous les autres voyageurs. Alors il se fait reconnaître de ses ennemis,
leur pardonne, unit Ferdinand à Miranda, retourne
en Italie avec sa famille heureuse et repentante.
Cette pièce est surtout remarquable par le personnage de la jeune Miranda : les scènes charmantes entre celle-ci et Ferdinand, les paroles solennelles de
Prospero, les imprécations de Caliban, création si
originale et cependant si poétique, les chants ravissants d'Ariel, qui ont inspiré *Trilby* à M. Charles No-
dier, offrent le tableau le plus varié et le plus animé.

« Il existe entre les grands génies de tous les
temps et de tous les lieux une certaine ressemblance

de famille qui se transmet à leurs productions. Ainsi, Miranda rappelle Nausicaa de l'*Odyssée*, cette royale fille qui descend avec tant de noblesse et de grâce aux plus humbles soins domestiques, et qui, loin de fuir quand l'effroi disperse ses compagnes, attend l'approche de l'étranger suppliant, parce qu'elle croit voir en lui un malheureux à secourir, et sert ainsi de guide au héros d'Ithaque. La fille d'Alcinoüs prouve qu'il est possible d'associer la grandeur au devoir, et que la simple vertu, la touchante bonté, forment le plus précieux ornement de la femme et le plus digne cortége de la beauté. La Miranda de Shakspeare, aussi noble, aussi pure, aussi ravissante que la Nausicaa d'Homère, n'a toutefois connu d'autre palais que la grotte paternelle, d'autre sceptre que la baguette de l'enchanteur à qui elle doit le bonheur et la vie ; mais son cœur a deviné tout ce qui est juste et louable ; il est devenu le sanctuaire de tous les sentiments généreux. Avant d'avoir connu des infortunés, l'instinct de la vertu lui enseigne à les secourir. Nausicaa passe avec dignité des marches du trône aux plus pénibles devoirs de famille ; Miranda, de l'obscurité qui enveloppe sa naïve jeunesse, remonte aux grandeurs sans altérer sa candeur ravissante.

« Créée par le caprice d'une imagination sublime, Miranda n'est cependant point placée hors des limites de la nature humaine ; bien qu'elle soit placée dans une sphère idéale, ses perfections appartiennent

à son sexe. Fille du génie, elle en exerce tous les
prestiges: objet d'enthousiasme et d'amour, cette
indéfinissable merveille apparaît comme un de ces
songes ravissants qui, dans l'absence de nos impressions habituelles, nous abreuvent de délices que
les voluptés de la terre ne reproduisent pas. Les
perles de la rosée suspendues au feuillage tremblant,
la neige éblouissante qui voltige dans l'air, n'échap-
pent pas plus à l'analyse de l'art, que le caractère
de Miranda n'échappe à l'analyse de la pensée.

« Dans la sauvage solitude qui la sépare de l'univers, excepté les regards de son père, elle n'eut pour
témoins des jeux de son enfance que les hôtes des
forêts, les oiseaux, les zéphyrs mystérieux, l'esclave
amphibie subjugué par l'art paternel, et les flots du rivage, qui tant de fois ont caressé ses membres délicats.

« Pure comme le frais bouton que nul souffle n'a
effleuré, aussi naïve que Galatée cessant d'être marbre et n'étant pas encore amante, Miranda ne connaît que son père: il est pour elle le monde entier:
le reste de l'espèce humaine ne lui est révélé que
par son propre cœur. Elle ne se doute pas que
l'homme puisse être méchant: aussi, quand pour la
première fois un homme paraîtra à ses yeux, elle ne
le redoutera point, elle ne le fuira point; s'il est en
péril, elle tentera de le secourir; son front ne rou-
gira que d'une chaste et touchante émotion, dont
elle ne se rendra pas compte à elle-même: elle ne
craindra pas plus de s'offrir à ses regards que la

fleur ne craint de s'épanouir, que l'arbre n'hésite à
se couronner de fruits.

« Des trésors de bonté, de raison, de grâce, de
noblesse, brillent dans cet être enchanteur; tout
germe du mal en a été banni. Cependant, ce n'est
pas un ange que le génie a voulu créer; ce n'est pas
une de ces fictions où la poésie associe des charmes
fabuleux aux dons de la nature : Miranda n'est qu'une
femme, et c'est précisément ce qui la rend si admirable, car l'idéal étonne et flatte l'esprit, le vrai seul
touche et charme le cœur.

« Miranda, devant le premier homme qui lui apparaît, est une autre Ève, pudique à force d'innocence, imposante à force de candeur. Livrée à un
doux étonnement, entraînée par un instinct curieux,
elle interroge à la fois sa propre pensée et l'étranger
qui lui-même la contemple. Est-ce un compagnon,
un ami donné par le destin? Elle le souhaite. C'est
encore Ève, s'éveillant à la vie, couchée parmi des
fleurs, demandant à tout ce qui l'environne : Qui
suis-je? où suis-je? et cherchant l'appui, le guide
que lui indique la nature. Miranda, pure comme
Ève, éprouve un sentiment ennobli par la bienfai-
sance; elle se plaît à échanger des regards de sympathie avec son hôte mystérieux ; mais, surtout, elle
veut écarter les périls et les maux dont il est menacé.
Elle n'a aucune idée de la beauté, et pourtant elle le
trouve beau : est-ce un esprit descendu des cieux,
un être insaisissable? Son cœur lui fait espérer da-

vantage. Comme l'aveugle, que l'art rend soudain clairvoyant, sent que la lumière lui est désormais indispensable, Miranda ne croit pas qu'il lui soit possible maintenant de vivre sans celui qui la charme ; elle reçoit une nouvelle existence. ou plutôt elle acquiert à la fois la vie et l'amour. Docile à ce dieu qu'elle ignore, comme Ève ignorait le divin artisan, elle se soumettra à son empire. La mère des hommes, la main dans la main de son ami, le suivit au berceau nuptial sans autre voile que le nuage embaumé exhalé de l'haleine des fleurs ; et Miranda est prête à confier sa pudeur à l'hymen, à prendre pour témoins de cet auguste mystère le silence du désert, la pompe des astres, l'Océan, les esprits, hôtes légers des airs, et l'oiseau solennel, chantre de la nuit.

« Le guide tutélaire dont le magique pouvoir veille sur Miranda, du fond de sa ténébreuse solitude, la transporte sur le trône où l'accompagnent la vertu, le bonheur et l'amour. »

X

La scène s'ouvre sur un vaisseau ballotté par la mer. La tempête rugit, le capitaine renvoie à leurs cabines les passagers épouvantés ; il encourage à la manœuvre ses matelots. On sent partout le poëte d'un

peuple de marins, qui connaît tous les termes tech-
niques de la navigation.

Le vaisseau naufragé touche à une île déserte. Le
roi de Naples, Alonzo, son fils Ferdinand, Antonio,
duc illégitime de Milan, en sortent avec leur suite
et les matelots. Miranda, fille de Prospero, Prospero, son père, un groupe d'esprits aériens, Caliban,
un sauvage difforme, sont les seuls habitants de
l'île. Voilà les acteurs de ce drame fantasmagorique.

Miranda et son père Prospero causent ensemble
des événements nocturnes, sans avoir encore vu les
naufragés.

SCÈNE II.

[Une partie de l'île devant la Grotte de Prospero.]

PROSPERO et MIRANDA entrent.

MIRANDA.

Si par votre art, mon père bien-aimé, vous avez
pu faire soulever ainsi les eaux en furie, apaisez-les.
On dirait que les nues seraient prêtes à verser de la
poix enflammée, si la mer, s'élançant bondissante
jusqu'au ciel, n'allait en éteindre les feux. Oh! que
j'ai souffert avec ceux que je voyais souffrir! un beau
vaisseau, qui portait sans doute de nobles créatures,

brisé tout en pièces! Oh! leur cri a retenti jusqu'au
fond de mon cœur. Pauvres gens! ils ont péri. Ah!
si j'avais été quelque dieu puissant, j'aurais voulu
précipiter la mer dans les abîmes sans fond, avant
qu'elle eût ainsi englouti ce superbe navire et tous
les malheureux passagers qu'il renfermait.

PROSPERO.

Ma fille, calmez-vous; n'ayez plus d'effroi; dites
à votre cœur compatissant qu'aucun mal n'a été fait.

MIRANDA.

Oh! malheureux jour!

PROSPERO.

Point de mal, te dis-je, je n'ai rien fait que par
amour pour toi; toi, ma fille chérie, ma fille bien-
aimée, qui ignores encore qui tu es, et ne sais pas
mon origine. Je ne suis à tes yeux que l'obscur Prospero, le maître de la plus pauvre grotte, ton père,
et rien de plus.

MIRANDA.

Jamais je ne conçus l'envie d'en savoir davantage.

PROSPERO.

Il est temps que je t'informe de quelque chose de
plus: donne-moi ta main pour m'aider à ôter mon

manteau magique. Bien. (Il dépose son manteau.) Repose-
toi là, mon art. — Toi, cesse de pleurer; console-toi.
Ce naufrage, dont l'affreux spectacle a ému en toi
toutes les vertus de la compassion, a été, par la pré-
voyance de mon art, si placidement dirigé, qu'il n'a
pas causé la mort d'une seule âme. Non, il n'est pas
tombé un seul cheveu de la tête d'aucune des créatures que renfermait ce vaisseau englouti à tes yeux,
et dont tu as entendu le cri de détresse. Maintenant,
assieds-toi; il faut que tu en apprennes davantage.

MIRANDA.

Souvent vous avez commencé à me dire qui je suis,
mais vous vous interrompiez soudain et me laissiez
dans une incertitude sans issue, en concluant : *Res-
tons-en là, il n'est pas temps encore.*

PROSPERO.

L'heure est enfin arrivée; voici l'instant précis où
tu dois me prêter l'oreille. Obéis, et écoute-moi
avec attention. Peux-tu te souvenir d'un temps éloigné où nous n'habitions pas cette caverne? Je doute
que tu le puisses, car tu n'avais pas alors trois ans.

MIRANDA.

Assurément, seigneur, je le puis.

PROSPERO.

Quel objet peut t'aider à t'en souvenir? quelle de-

meure, quelle personne? Parle-moi de toutes les
choses dont l'image a été gardée dans ta mémoire.

MIRANDA.

Tout cela est bien loin, et me paraît plutôt un
songe qu'une certitude que ma mémoire puisse me
garantir. N'avais-je pas alors quatre à cinq femmes
qui me servaient?

PROSPERO.

Tu les avais, tu en avais encore plus, Miranda;
mais comment se peut-il que tu t'en souviennes encore? Que vois-tu encore dans cet obscur passé, dans
cet abîme du temps. Si ta mémoire a gardé le souvenir de ce qui s'est passé avant ton arrivée ici, tu
dois aussi te rappeler comment tu y vins.

MIRANDA.

Cependant, je ne m'en souviens pas.

PROSPERO.

Il y a douze ans, Miranda, il y a douze ans que
ton père était duc de Milan, et un prince puissant.

MIRANDA.

Seigneur, n'êtes-vous pas mon père?

PROSPERO.

Ta mère était un modèle de vertu, et elle m'a dit

que tu étais ma fille. Ton père était duc de Milan, et son unique héritière n'est rien moins qu'une princesse.

MIRANDA.

O ciel! faut-il avoir cruellement joué de malheur pour être tombés de si haut, et avoir été conduits ici! ou bien serait-ce un bonheur qu'il en soit arrivé ainsi?

PROSPERO.

L'un et l'autre, mon enfant, l'un et l'autre. Par un complot criminel, comme tu le dis, nous avons été précipités du trône; mais la bonté du ciel nous aida à trouver cet asile.

MIRANDA.

Oh! mon cœur saigne en pensant aux douleurs que je fais revivre en vous, et qui sont effacées de ma mémoire. Vous plaît-il de poursuivre?

PROSPERO.

Mon frère, ton oncle Antonio, — je t'en prie, écoute-moi! — Se peut-il qu'un frère ait pu être aussi perfide! lui qu'après toi j'aimais le plus au monde! lui à qui j'avais confié les affaires de mon État, qui était alors réputé la première de toutes les principautés. J'étais le premier duc en dignité, et dans les arts libéraux sans égal. Ces arts faisaient toute mon étude, les

soins du gouvernement reposaient sur mon frère, et
je devins étranger à mon duché, étant transporté et
ravi par mes secrètes études. Ton oncle astucieux,
— m'écoutes-tu, ma fille?

Il raconte à sa fille qu'étant duc de Milan il fut
trahi par son frère Antonio qui, avec l'aide du roi de
Naples, le détrôna, et, n'osant pas le tuer, le déposa
avec son enfant Miranda dans une barque démante-
lée, et les laissa flottant au hasard sur la mer Adria-
tique. Dieu les protégea et les fit aborder à cette île
solitaire, où il vécut quatorze ans, grâce aux esprits
célestes et à un conseiller vertueux du roi de Naples,
nommé Gonzalo, qui lui fournit des vivres et des
livres.

Miranda écoute, s'émerveille, s'attendrit de reconnaissance pour Gonzalo, sauveur de son père, et
s'endort.

XI

Pendant le sommeil de Miranda, Prospero appelle
l'esprit de l'air, Ariel, et lui ordonne d'aller revêtir la
forme d'une fille imperceptible de l'air et de revenir.
Il appelle le brutal géant Caliban, son serviteur
forcé, et lui commande d'apporter du bois dans la

grotte. Caliban murmure et obéit. Miranda se réveille. Ariel reparaît sous la forme d'une nymphe des eaux et chante aux oreilles des naufragés, de Miranda et du fils du roi de Naples, Ferdinand, dont Miranda est éprise, et dont son père, le roi de Naples, a été submergé dans la tempête.

Ils s'avouent leur penchant l'un pour l'autre. Prospero, le père de la virginale Miranda, sourit à cette union, mais affecte de la traverser, pour en accroître le prix aux yeux des deux amants.

« Tu dois être un espion, » dit-il à Ferdinand.

« Non, la perfidie, » dit Miranda, « ne peut habiter dans un temple aussi beau: si l'esprit du mal a une si belle demeure, les bons eux-mêmes désireront habiter avec lui. »

PROSPERO.

Loin de moi! cesse de te suspendre à mes vêtements.

MIRANDA.

Seigneur, ayez pitié, je serai sa caution.

PROSPERO.

Silence! un mot de plus me forcera à te gronder, si ce n'est peut-être à te haïr. Quoi! tu défends un imposteur? Silence! n'ayant vu que Caliban et lui,

tu t'imagines qu'il n'y a rien au monde de plus beau
que lui : fille simple, il n'est qu'un Caliban auprès
de la plupart des hommes, qui, à ses côtés, te paraî-
traient des anges.

MIRANDA.

Mes affections sont alors bien modestes ; car je n'ai
pas l'ambition de voir un homme plus beau.

PROSPERO, à Ferdinand.

Allons, obéis! tes nerfs sont retombés dans l'enfance : ils n'ont plus de vigueur.

FERDINAND.

Cela est vrai, toutes mes facultés sont enchaînées
comme dans un rêve. La perte de mon père, cette
langueur que je sens, le naufrage de tous mes amis,
et les menaces de cet homme par qui je suis subjugué, me seraient encore des peines légères, si seulement une fois par jour je pouvais voir cette jeune
fille au travers de ma prison. Que la liberté luise au
reste de la terre, j'aurais assez d'espace dans une
telle prison !

PROSPERO.

L'œuvre marche ; allons, tu as bien travaillé, mon
charmant Ariel. (A Ferdinand et à Miranda.) Suivez-moi.
A Ariel.) Écoute ce qui te reste à faire pour moi.

MIRANDA.

Seigneur, prenez courage, mon père a plus de
bonté que son langage ne le fait paraître ; cette colère est pour lui inaccoutumée.

PROSPERO.

Tu seras libre comme le vent des montagnes ;
mais sois exact à remplir en tous points mes ordres.

ARIEL.

A la lettre.

PROSPERO.

Allons, suivez-moi. (A Miranda.) Ne me parle plus
pour lui. (Ils sortent.)

XII

L'ancien conseiller du roi de Naples, Gonzalo, fait,
pour amuser ses compagnons, des utopies dignes de
Platon ou de J.-J. Rousseau.

GONZALO.

Si j'avais à planter cette île, monseigneur...

ANTONIO.

Il y sèmerait des orties.

SÉBASTIEN.

Ou des ronces et des mauves.

GONZALO.

Si j'en étais roi, savez-vous ce que j'en ferais?

SÉBASTIEN.

Vous échapperiez à l'ivresse, faute d'avoir du vin.

GONZALO.

Dans ma république, je voudrais exécuter toute chose à l'inverse des autres États; je n'y admettrais aucune espèce de trafic, ni le nom de magistrat; l'usage des lettres n'y serait point connu; on y ignorerait la richesse ou la pauvreté. Point de maître et de valet, de contrats, d'héritages, de limites, de labourage; rien de tout cela. Je n'y voudrais ni métal, ni blé, ni vin, ni huile. Nul travail : tous les hommes seraient oisifs, et les femmes aussi; mais elles seraient innocentes et pures. Point de souveraineté.

SÉBASTIEN.

Et pourtant il voudrait en être le roi.

ANTONIO.

La fin de sa république en a oublié le commencement.

GONZALO.

Toutes choses seraient produites par la nature sans labeur ni sueurs, et mises en commun. Je n'admettrais dans ma république ni trahison, ni félonie, ni épée, ni pique, ni poignard, ni mousquet, ni machines de guerre : mais la nature, prodigue de ses dons, produirait d'elle-même tout en abondance, pour nourrir mon peuple innocent.

SÉBASTIEN.

Point de mariage dans sa république.

ANTONIO.

Non, mon cher, tous fainéants, des coquines et des fripons.

GONZALO.

Je voudrais gouverner avec une telle perfection, seigneur, que je surpasserais les temps de l'âge d'or.

SÉBASTIEN.

Vive Sa Majesté !

ANTONIO,

Longue vie à Gonzalo !

Ils rient et ils s'endorment.

On voit que les utopies ne sont pas nées d'hier. C'est l'imagination appliquée au gouvernement des États. Quand les hommes n'en rient pas, ils y versent leur sang après leurs rêves.

XIII

L'énorme et monstrueux Caliban vient à rugir. Ils ne peuvent comprendre quel est cet être, homme ou poisson. L'un d'eux, Sébastien, pour se préserver de l'orage qui éclate, se glisse sous la tunique du monstre.

Ici, scène d'amour délicieuse entre Miranda et Ferdinand, pendant une absence de Prospero. Miranda est la goutte de rosée absorbée par le premier rayon de soleil qui la regarde.

Le roi de Naples, sauvé des vagues, est retrouvé. Caliban, qui conspire la mort de Prospero, son maître, est trompé par un faux complice. Ariel, le génie du bien, obéit en tout à Prospero.

ACTE IV.

—

SCÈNE I.

Le devant de la grotte de Prospero.

PROSPERO entre avec FERDINAND et MIRANDA.

PROSPERO.

Si je vous ai puni trop sévèrement, le prix que
vous recevez le compense bien; car je vous ai donné
ici une part de ma propre vie, ou plutôt celle par qui
je vis. Je la confie encore une fois en tes mains.
Toutes les peines que je t'imposai n'étaient que des
épreuves à ton amour, et tu les as merveilleusement
endurées. Ici, à la face du ciel, je ratifie ce don précieux. Oh! Ferdinand, ne souris pas si je la vante,
car tu trouveras qu'elle est au-dessus de tout éloge,
et que la louange s'arrête bien loin derrière elle.

FERDINAND.

Je le croirais, même contre un oracle.

PROSPERO.

Alors reçois ma fille comme un don que je te fais,

et aussi comme un bien que tu as dignement mérité.
Mais si tu oses rompre le nœud de sa chaste ceinture
avant l'accomplissement de toutes les cérémonies
consacrées, le ciel ne bénira pas cette union.

FERDINAND.

Seigneur, je vous le promets. Je tiendrai ma pa-
role. (Une douce symphonie se fait entendre. Le chœur des esprits
aériens représente un drame allégorique.)

FERDINAND.

Voilà la vision la plus majestueuse, les chants les
plus harmonieux, les plus ravissants... Puis-je oser
croire que ce sont là des esprits?

PROSPERO.

Des esprits que par mon art j'ai évoqués de leurs
demeures, pour exécuter les jeux de mon imagination.

FERDINAND.

Oh! que je vive toujours dans ces lieux! un père,
une épouse si rares, si merveilleux, en font un paradis.

Prospero se fait reconnaître, grâce à Ariel, pour le
duc de Milan, chassé de ses États et réfugié avec son
enfant dans cette île. Il reconnaît Gonzalo à qui il a
dû les bienfaits de ses livres, où il a appris la puissance de la philosophie.

GONZALO.

Tout ce qui tourmente, trouble, émerveille et confond habite ici. Que quelque pouvoir céleste nous guide hors de cette contrée redoutable!

PROSPERO.

Regarde, seigneur roi, le duc outragé de Milan, Prospero! Pour mieux te convaincre que c'est un prince vivant qui te parle, je te presse dans mes bras: je t'adresse un salut cordial, à toi et à ceux qui t'accompagnent; soyez les bienvenus!

ALONZO.

Es-tu Prospero? ne l'es-tu pas? es-tu quelque enchantement trompeur qui m'abuse comme je l'ai été tout à l'heure? Je ne sais : ton pouls bat comme s'il était formé de chair et de sang; et, depuis que je te vois, je sens s'adoucir l'affliction de mon esprit, qui, je le crains, était mêlée de démence : tout cela (si tout cela existe réellement) nous promet d'étranges récits. Je te remets ton duché, et je te conjure de me pardonner mes torts. — Mais comment Prospero pourrait-il être vivant et se trouver ici?

PROSPERO, à Gonzalo.

D'abord, noble ami, laisse-moi embrasser ta vieillesse, qui ne saurait être assez honorée.

GONZALO.

Je ne saurais jurer que cela soit ou ne soit pas
réel.

PROSPERO.

Vous êtes encore livrés à quelques-unes des illu-
sions ressenties dans cette île; elles ne vous permet-
tent pas de croire même aux choses certaines. Soyez
tous les bienvenus, mes amis! (A part, à Antonio et à Sébastien.) Quant à vous, je pourrais ici faire ouvrir sur
vous les regards courroucés de Sa Majesté, et vous
démasquer comme des traîtres; en ce moment je ne
veux rien rappeler.

SÉBASTIEN, à part.

Le démon parle par sa bouche.

PROSPERO.

Non. — Pour toi, le plus pervers des hommes, que
je ne pourrais appeler mon frère sans souiller ma
bouche, je te pardonne tes plus noires trahisons, oui,
toutes; mais je te revendique mon duché, qu'aujour-
d'hui, je le sais bien, tu es forcé de me restituer.

ALONZO.

S'il est bien vrai que tu sois Prospero, raconte-
nous quelques particularités sur la manière dont tu
as été sauvé. Comment nous rencontres-tu ici, nous

qui, seulement depuis trois heures, avons échoué sur
ce rivage, où j'ai perdu (combien l'aiguillon de ce
souvenir est aigu!), où j'ai perdu mon fils bien-aimé,
Ferdinand.

PROSPERO.

Je suis affligé de cette mort, seigneur.

ALONZO.

Cette perte est irréparable, et la résignation ne
pourra m'en guérir.

PROSPERO.

Je croirais plutôt que vous ne l'avez pas appelée à
votre aide; pour une perte semblable j'ai obtenu de
sa douce assistance de puissants secours, et je repose
satisfait.

ALONZO.

Vous, vous avez fait une perte semblable?

PROSPERO.

Aussi grande pour moi, aussi récente; et, pour
supporter la perte d'un être aussi cher, je n'ai autour
de moi que des consolations bien plus faibles que
celles que vous pouvez appeler pour vous consoler :
j'ai perdu ma fille.

ALONZO.

Une fille? Plût au ciel qu'aujourd'hui ces deux

enfants fussent vivants dans Naples ! que n'y sont-ils
roi et reine ! Pour obtenir qu'ils y fussent, je voudrais
être enseveli dans ce lit de fange où est étendu mon
fils. Quand avez-vous perdu votre fille ?

PROSPERO.

Dans cette dernière tempête. Je le vois, ma rencontre ici a frappé ces seigneurs d'un tel étonnement
qu'ils en dévorent leur raison, croient à peine que
leurs yeux leur montrent la vérité, et que leurs paroles soient les sons ordinaires de leur voix ; mais,
quel que soit l'égarement qu'aient éprouvé vos sens,
soyez assurés que je suis Prospero, ce même duc
qui fut chassé de Milan, et qu'une étrange destinée
a fait arriver ici pour régner dans cette île où vous
avez fait naufrage. C'est assez pour le moment ; car
c'est une chronique à conter jour par jour, non un
récit qui se fait dans le cours d'un repas, et qui
puisse convenir à cette première entrevue. Vous êtes
le bienvenu, seigneur, cette grotte est ma cour : là
j'ai peu de serviteurs, et point de sujets hors de son
enceinte ; regardez au dedans, je vous prie. Puisque
vous m'avez rendu mon duché, je veux m'acquitter
envers vous par quelque chose d'aussi précieux ; du
moins je vous montrerai une merveille, dont vous
serez aussi content que je puis l'être de recouvrer
mon duché. (La grotte s'ouvre, et laisse voir Ferdinand et Miranda
jouant aux échecs.)

MIRANDA.

Mon doux seigneur, vous me trichez.

FERDINAND.

Non, mon cher amour; je ne le voudrais pas pour le monde entier.

MIRANDA.

Oui, même pour une vingtaine de royaumes vous pourriez me faire des chicanes, que je dirais encore que vous faites beau jeu.

ALONZO.

Si ce tableau n'est qu'une vision de cette île, il me faudra perdre deux fois mon fils bien-aimé.

SÉBASTIEN.

C'est le plus grand des miracles.

FERDINAND.

Quoique les mers menacent, elles font grâce; je les ai maudites sans sujet. (Ferdinand s'agenouille devant Alonzo.)

ALONZO.

Maintenant, que toutes les bénédictions d'un heureux père tombent sur toi! Lève-toi, et dis-moi comment tu es venu ici.

MIRANDA.

O merveille! combien de créatures parfaites sont ici! que le genre humain est beau! O glorieux nouveau monde, qui renferme de pareils habitants!

PROSPERO.

Il est nouveau pour toi.

ALONZO.

Quelle est cette jeune fille avec qui tu jouais? Il ne peut y avoir plus de trois heures que vous vous connaissez. Est-elle la déesse qui nous a séparés et qui nous réunit momentanément?

FERDINAND.

Seigneur, c'est une mortelle; mais, par le doux bienfait de l'immortelle Providence, elle est à moi; je l'ai choisie alors que je ne pouvais demander l'avis de mon père, car je ne croyais plus en avoir un. Elle est la fille de ce fameux duc de Milan, de la renommée duquel j'avais si souvent entendu parler, mais que je n'avais jamais vu lui-même jusqu'à ce jour. C'est de lui que je tiens une seconde vie, et cette jeune femme me donne en lui un second père.

ALONZO.

Je suis le sien; mais n'est-il pas étrange qu'il me faille demander pardon à mon enfant?

PROSPERO.

Arrêtez, seigneur ; ne faites pas peser sur notre souvenir le poids d'un mal qui nous a quittés.

GONZALO.

J'étais oppressé par les larmes, sans quoi j'aurais déjà parlé. Abaissez vos regards, ô dieux, et faites descendre sur ce couple une couronne de bénédictions ; car c'est vous qui avez tracé la route qui nous a conduits ici.

ALONZO.

Je dis *amen*, Gonzalo.

GONZALO.

Le duc de Milan fut donc expulsé de Milan pour que sa race un jour donnât des rois à Naples ? Oh ! réjouissez-vous d'une joie plus qu'ordinaire ; que ceci soit gravé en or sur des colonnes impérissables : « Dans le même voyage Claribel a trouvé un époux à Tunis, et Ferdinand, son frère, trouve une femme sur une grève où il était perdu. Prospero recouvre son duché dans une île misérable, et nous tous nous sommes rendus à nous-mêmes quand aucun de nous ne s'appartenait plus. »

ALONZO, à Ferdinand et à Miranda.

Donnez-moi vos mains. Que le chagrin et la tris-

tesse remplissent à jamais le cœur qui ne vous souhaite pas le bonheur !

GONZALO.

Ainsi soit-il ! *Amen !*

ARIEL reparaît avec LE MAITRE et LE BOSSEMAN, qui
le suivent ébahis.

GONZALO.

Oh! regardez, seigneur; sire, regardez : voici encore
plusieurs des nôtres. Je l'avais prophétisé, que, tant
qu'il resterait un gibet sur la terre, ce drôle-là ne
serait pas noyé. Maintenant, blasphémateur, qui éloi-
gnais par tes imprécations la miséricorde de ton bord,
quoi ! sur le rivage tu n'as plus un jurement? Es-tu
muet sur terre?... Quelles nouvelles?

LE BOSSEMAN.

La meilleure nouvelle : c'est que nous retrouvons
ici sains et saufs notre roi et sa suite ; la seconde,
c'est que notre vaisseau, qu'il y a trois sables nous
avions cru perdu, est radoubé, debout, et aussi fière-
ment gréé qu'au moment où nous avons mis à la
voile pour la première fois.

ARIEL, à Prospero à part.

Maître, j'ai fait tout cet ouvrage depuis que je t'ai
quitté.

PROSPERO, à Ariel à part.

Mon intelligent esprit!

ALONZO.

Ce ne sont pas là des événements naturels ; ils entassent le merveilleux sur le merveilleux. — Parlez, comment êtes-vous venus ici?

LE BOSSEMAN.

Sire, si je pensais être bien éveillé, je tâcherais de vous en informer. Nous étions tous frappés par un sommeil de mort, et (comment? nous ne le savons pas) tous jetés sous les écoutilles. Là, il n'y a qu'un moment, des accents étranges et divers, des hurlements, des cliquetis de chaînes qui s'entrechoquaient, et plusieurs autres bruits tous horribles, nous ont réveillés : nous nous précipitons, nous retrouvons la liberté, et nous revoyons dans tout son lustre, fraîchement réparé, notre royal, notre bon et fier navire ; notre maître bondit de joie à cette vue. En un clin d'œil, nous avons été séparés des autres, et amenés ici encore tout assoupis comme dans un songe.

ARIEL, à Prospero à part.

Ai-je bien travaillé?

PROSPERO, à Ariel à part.

A merveille, mon génie diligent, tu vas être libre.

ALONZO.

Voilà le plus étrange dédale où jamais aient erré
des hommes ; il y a dans ces conjectures quelque
chose qui surpasse tout ce qu'a jamais conduit la nature : il faut qu'un oracle rectifie en ceci notre propre jugement.

PROSPERO.

Seigneur, mon suzerain, ne tourmentez point votre
esprit à débattre en lui-même la bizarrerie de ces
aventures : nous choisirons, et dans peu, un moment
où je pourrai vous donner à vous seul (et vous le trouverez sage) l'explication de ces heureux événements :
jusque-là soyez tranquille, et croyez que tout est
bien. (A part.) Approche, esprit, mets en liberté Caliban et ses compagnons ; romps le charme. (Ariel sort.)
Comment se trouve mon gracieux seigneur ? Il manque
encore de votre équipage quelques mauvais drôles
que vous oubliez.

ARIEL rentre en chassant devant lui CALIBAN, STE-
PHANO et TRINCULO, vêtus des habits qu'ils ont
volés.

STEPHANO.

Que chacun se démène pour le salut de tous les
autres sans s'occuper du sien ; car tout ici-bas n'est
que hasard. — Courage, monstre hargneux, courage !

TRINCULO.

Si ces deux espions que je porte dans ma tête ne
me trompent pas, voilà une bienheureuse apparition.

CALIBAN.

O Sétébos, que ces esprits sont bien! comme mon
maître est beau! Je tremble qu'il me châtie.

SÉBASTIEN.

Ah! Ah! qu'est-ce que ces êtres-là? les aurait-on
pour de l'argent, seigneur Antonio?

ANTONIO.

C'est probable; l'un d'eux semble être un vrai
poisson, et il est sans doute à vendre.

PROSPERO.

Remarquez seulement l'aspect de ces hommes,
seigneurs, et dites s'ils sont honnêtes. Cet esclave
difforme reçut le jour d'une sorcière, dont les charmes puissants gonflaient ou comprimaient les marées,
commandaient la lune, et agissaient en son nom sans
emprunter son pouvoir. Tous les trois m'ont volé: et
ce demi-démon (car c'est un démon bâtard) avait
comploté avec eux de m'ôter la vie. Des trois il en est
deux que vous devez connaître; ils sont à vous; quant
à ce produit des ténèbres, je ne puis le nier, il m'appartient.

CALIBAN.

Je vais être pincé jusqu'à ce que j'en meure.

ALONZO.

Eh! c'est Stephano, mon ivrogne de sommelier!

SÉBASTIEN.

Il est encore ivre : où a-t-il donc pris du vin?

ALONZO.

Et Trinculo est aussi branlant et tout à fait mûr. Où ont-ils trouvé le puissant élixir qui les a ainsi dorés? — Comment t'es-tu accommodé de cette sorte?

TRINCULO.

J'ai été trempé dans une telle saumure depuis que je vous ai vu, que j'ai bien peur qu'elle ne sorte jamais de mes os; je n'ai plus à craindre les mouches.

SÉBASTIEN.

Qu'as-tu donc, Stephano?

STEPHANO.

Oh! ne me touchez pas! je ne suis plus Stephano, j'ai été changé en crampes.

PROSPERO.

Ah! rustre, tu voulais être le roi de cette île.

STEPHANO.

J'aurais donc été un roi fort ulcéré.

ALONZO, montrant Caliban.

Voilà le plus étrange objet que j'aie jamais vu.

PROSPERO.

Il est aussi monstrueux dans ses mœurs qu'il l'est dans sa forme. Allez dans ma grotte, misérables, prenez avec vous vos compagnons, et, si vous voulez obtenir mon pardon, décorez-la soigneusement.

CALIBAN.

Oui, je le ferai, je deviendrai sage, je serai meilleur, et j'implorerai ma grâce. Trois fois double âne que j'étais, de prendre cet ivrogne pour un dieu, et d'adorer ce fou imbécile.

PROSPERO.

Sors, te dis-je.

ALONZO.

Hors d'ici, et remettez tous ces vêtements où vous les avez trouvés.

SÉBASTIEN.

Ou pour mieux dire, où ils les ont volés. (Caliban,
Stephano et Trinculo sortent.)

PROSPERO.

Seigneur, j'invite Votre Altesse et sa suite à entrer
dans ma modeste grotte ; vous vous y reposerez seulement cette nuit, dont une partie s'écoulera dans
des entretiens qui, je n'en doute point, vous la feront
passer rapidement. Je vous dirai l'histoire de ma vie
et les événements divers qui se sont succédé depuis
mon arrivée dans cette île ; et, dès que l'aube paraîtra,
je vous conduirai à votre vaisseau, et de suite à Naples
où j'ai l'espoir de voir célébrer les noces de nos enfants bien-aimés. De là je me retire à Milan, où désormais le tombeau occupera ma troisième pensée.

ALONZO.

Il me tarde d'entendre l'histoire de votre vie : elle
doit éveiller étrangement l'attention de l'oreille qui
l'écoute.

PROSPERO.

Je vous confierai tout, et je vous promets des mers
calmes. des vents propices, et un navire si agile qu'il
devancera de bien loin votre royale flotte. (A part.) Mon

Ariel, mon oiseau, c'est là ta mission ; libre ensuite,
vole aux éléments. Adieu, vis heureux ! — Daignez
me suivre ? (Ils sortent.)

ÉPILOGUE

PRONONCÉ PAR PROSPERO

Mes charmes sont détruits ; plus rien qui me soutienne ;
Je n'ai plus maintenant de force que la mienne.
Elle est bien faible : aussi de vous seul dépend-il
Que je reste en ces lieux pour toujours dans l'exil,
Ou que je voie encor Naple. Oh ! je vous supplie,
Puisque j'ai retrouvé mon duché d'Italie,
Et qu'aux traîtres je viens d'accorder mon pardon,
Oh ! ne me laissez pas ici dans l'abandon !
Répondez à mes vœux ; que vos mains bienfaisantes
M'affranchissent enfin de mes chaînes pesantes ;
Qu'un souffle favorable enfle ma voile ; ou bien
Mon espérance échoue, et mon art ne peut rien.
Vous plaire était mon but ; mais je perds ma magie ;
Je n'ai plus maintenant de fée ou de génie
Pour vous jeter un charme et pour me soutenir ;
Et dans le désespoir mon rôle va finir,
Si vous ne m'accordez l'indulgence dernière
Qu'implore en s'élevant la voix de la prière,
Et qu'un jour vous pourrez revendiquer pour vous,
Si vous me renvoyez par vos bravos absous !

XIV

Cette pièce, ainsi traduite en prose et en vers par une femme d'un rare talent, Mme Colet, à qui je demande pardon de l'emprunter, est une des plus ravissantes compositions de Shakspeare. Elle est tout grâce et tout amour. Elle appartenait à une main de femme. Un homme l'aurait flétrie en la touchant. C'est le drame des plus beaux rêves, les forces de la nature dans la tempête, les forces domptées du mal dans Caliban, les forces de la vertu qui pardonne tout dans Prospero, les forces de la Providence dans Ariel, celles de l'innocence dans Miranda, celles de l'amour dans Ferdinand, et le jeu de toutes ces forces admirablement combiné dans une aventure imaginaire, mais vraisemblable, pour amuser le parterre oisif d'un peuple plein d'imagination. Voilà l'œuvre de Shakspeare !

Les Joyeuses commères de Windsor sont plus réelles et plus comiques ; c'est la mine féconde où le théâtre français puisa *les Fausses Infidélités*, pièce infiniment moins riche en bonne plaisanterie. Ce fut la reine Élisabeth qui, ravie de la figure et des vices jeunes de Falstaff, pria Shakspeare de composer un Falstaff vieilli, pour voir comment ses ridicules surannés modifieraient cette immortelle figure inventée

par son poëte. Shakspeare obéit à la reine, et re-
trouva une verve immortelle en retrouvant son héros.
L'Angleterre eut son *Cervantes*, et Falstaff fut le *don
Quichotte* de la forfanterie, bernée à tous les âges.

XV

La même année devait voir mourir les deux écrivains originaux de l'Espagne et de l'Angleterre.
Cervantes mourut le même mois que Shakspeare.
Deux grandes éclipses du genre humain, sans doute,
mais qui ne peuvent cependant être comparées. Cervantes, quoiqu'il ait fait la longue et originale paro-
die d'une vertu qui disparaissait dans le ridicule, ne
fut que l'Aristophane de Madrid. Il n'est jamais donné
au ridicule d'égaler l'idéal. Shakspeare fut tout à la
fois le ridicule et l'idéal de l'Angleterre ; il la fit rire
en badinant quelquefois, mais il la fit penser, sentir
et pleurer pendant des siècles qui n'auront point de
fin. On ne peut le comparer à Cervantes, que comme
on compare une caricature à un tableau ; la caricature
meurt, mais le tableau se grave et revit à jamais sous
les mille empreintes de l'acier, l'œuvre est populaire
et le nom est impérissable !

Tel est Shakspeare !

FIN.

TABLE.

PARIS. — J. CLAYE, IMPRIMEUR, RUE SAINT-BENOIT, 7.